# Museus a Céu Aberto
## Um olhar sobre a história e a arte em necrópoles e monumentos históricos

*Adalto Felix de Godoi*

*You may say I'm a dreamer,*
*But I'm not the only one,*
*I hope some day you'll join us,*
*And the world will live as one.*

*John Lennon*

# ÍNDICE

# INTRODUÇÃO

*"Talvez seja uma boa coisa escrever para o
entretenimento do público, mas é muito mais
elevado e nobre escrever para a sua educação,
o seu proveito, o seu real e tangível benefício."*
Mark Twain (1835-1910)

Muito embora a expressão "museus a céu aberto" possa causar a impressão no leitor de tratar-se de um tema lúgubre e triste, muitos ficariam surpresos ao verificar que na verdade essa é uma atividade muito antiga e que apesar de pouco conhecida em alguns países como Brasil, tem atraído cada vez mais a atenção de inúmeras pessoas pela inversão de valor que o imaginário popular atribui a esses espaços. A atenção se volta para a riqueza de informações, a antiguidade histórica de muitos espaços como monumentos públicos, museus e as inúmeras formas de artes encontradas nas necrópoles. São santos, mártires, vultos e personalidades que lá se encontram, esculturas e demais obras de artes expostas em numerosos túmulos e criptas, tendo ainda a história que permeia esses ambientes aliada à tranqüilidade em muitos desses espaços que chegam a ser utilizados como recantos de paz em meio aos conturbados ambientes urbanos em que estão localizados.

Embora cause uma impressão inicial de que se trata unicamente de uma temática voltada ao turismo, e parcialmente é; este livro discute também o "espaço" como um fator determinante na decisão de uma pessoa visitar uma obra de arte, estando esta em um museu ou em uma necrópole. Obras de arte de escultores e artistas de renome, monumentos famosos visitados por milhões de turistas todos os anos, igrejas históricas, pirâmides, sítios arqueológicos e outros espaços conhecidos e admirados não passam muitas vezes de grandes túmulos ou pequenas necrópoles, embora a maioria dos que visitam não saibam. Um olhar atento perceberá a existência de uma atividade que existe em larga escala, porém confundida com outras atividades na forma de peregrinações e romarias, visitas a igrejas históricas, a monumentos históricos em praças e centros urbanos, e mesmo a museus que foram e

5

ainda são túmulos despersonalizados. Muitos desses túmulos sendo hoje considerados verdadeiras obras de arte.

Mais comum do que se possa imaginar, as visitas em necrópoles e monumentos históricos, que são consideradas como verdadeiros museus a céu aberto pelas suas obras de arte e esculturas, monumentos funerários, locais sagrados onde estão sepultados os considerados santos por alguns povos; são apenas parte desse segmento que atrai turistas do mundo inteiro para participar de festas como o alegre "dia dos mortos" no México ou do mundialmente conhecido halloween nos Estados Unidos. Envolve também os interessantes costumes fúnebres asiáticos e de numerosas outras regiões da terra.

São manifestações culturais de grande valor cultural e histórico que apesar do tempo ainda resistem ou são perpetuadas por sociedades modernas, atraindo mediante a atividade turística cada vez mais pessoas para suas comemorações. Diferentemente do que alguns possam pensar ou atrelar a fatores religiosos, a maior parte do público que procura esses locais possui um excelente nível sócio-cultural e econômico, constituído por pesquisadores, historiadores, estudiosos das artes, atraindo nos últimos anos numerosos estudantes e turistas com os mais diversos objetivos abordados neste livro.

O objetivo deste livro é abordar algumas das facetas do universo da arte em necrópoles para suscitar o interesse do leitor no tema, incentivando-o a conhecer essa realidade tão próxima de todos e tão negligenciada principalmente nos países mais pobres, estimulando o leitor à pesquisa e à busca de novos conhecimentos, desmistificando o medo e o mistério que existe quando o assunto é cemitério. Não se trata de uma abordagem exaustiva, abrindo espaço para futuras discussões acerca dessa atividade e das suas dimensões dentro do contexto histórico, humano e social.

Faço um convite a entrar neste fascinante universo das artes em monumentos históricos e nas necrópoles através desta leitura, conhecendo outras facetas dessa realidade aceita por uns e evitada por outros; descobrindo as razões e questionando os motivos que levam milhões de pessoas a visitarem anualmente esses espaços tão evitados por alguns e tão procurados por outros.

*O Autor*

# 1

## UMA ATIVIDADE MUNDIAL POUCO CONHECIDA

Envolto numa aura de mistério que inspira mais medo que respeito, as necrópoles são verdadeiros oásis de tranqüilidade nas turbulentas e barulhentas cidades de nossos dias. Apesar de sua importância transformaram-se em espaços esquecidos ou abandonados em meio a áreas valiosas sendo na maioria das vezes lembrados apenas quando da morte de algum ente querido, sendo para muitos impensável uma necrópole para outros fins que não o sepultamento e o esquecimento. Guardados em muitas necrópoles estão numerosas esculturas e até mesmo monumentos famosos que embora vistos ou visitados diariamente, os visitantes sequer percebem que se trata de uma obra de arte de inestimável valor ou de um renomado escultor.

A imagem construída do local dos mortos tem sido desde a antiguidade a de um local intocável, que se deve manter distância e um respeito solene cuja visita fica restrita a funerais. É o solo sagrado para uns ou o lugar esquecido e assombrado para outros que o evitam a todo custo. Cada povo tem suas tradições e forma muitas vezes peculiar de cuidar dos seus mortos, o que é natural, trazendo embutido hábitos e costumes suficientes para justificar o interesse histórico, cultural e artístico de cada cultura, não podendo ser encarado como uma simples opção exótica ou excêntrica o interesse social pela atividade.

Trata-se de um espaço valioso para o estudo histórico da localidade em que a necrópole está localizada, sendo ainda uma importante fonte de informações históricas do processo de desenvolvimento da cidade e das pessoas que nela habitam, sendo uma referência histórica para a localidade. As necrópoles em várias partes do mundo são vistas de forma excessivamente racional ou demasiadamente sóbria, cuja percepção do espaço tem sido na maioria das vezes influenciada pela religiosidade popular, que não vê com bons olhos ações que fogem aos padrões tradicionais, mesmo que valorizem aspectos históricos e artísticos lá existentes.

Abertas à visitação turística, muitas necrópoles exibem aos seus visitantes um acervo de obras de arte que poderia estar em numerosos museus em diversos países, tornando-se assim verdadeiros museus a céu aberto. Degradadas, muitas manifestações artísticas nos túmulos e lápides perdem o seu encanto e beleza que é naturalmente ofuscada pelo tom fúnebre e sombrio existentes nos cemitérios tradicionais. Obras de escultores como Victor Brecheret estão expostas em museus, centros culturais, praças e outros espaços altamente valorizados atraindo turistas e visitantes, enquanto que outras de suas esculturas podem permanecer sobre alguns túmulos sem a mesma imponência ou expressão apesar do seu valor. O que demonstra que o espaço em que a obra de arte está localizada influencia a percepção de valor que a sociedade atribui a ela.

Uma rica herança cultural pode empobrecer-se quando a história fica registrada apenas em livros, quando ícones, heróis e personalidades não são valorizados produzindo uma sociedade ávida por novidades e relegando sua memória ao limbo do esquecimento. Ao voltar nossa atenção para as necrópoles é possível perceber que, muito mais do que um simples local de descanso eterno para os mortos esses espaços podem guardar aspectos interessantes da história, das características artísticas e arquitetônicas da época além de outros detalhes que jazem esquecidos diante dos olhos suspeitosos e arredios da maioria dos transeuntes do lado de fora dos seus muros. Mesmo que simples histórias de amor, alegria e tristeza, o que está exposto em muitos túmulos esclarece quem eram e como viviam as gerações passadas. Mais ainda, informam sobre a real situação econômica e social da família no túmulo em determinada época, sendo para muitos historiadores o local de partida de muitas das suas pesquisas.

Presidentes que fizeram história e mudaram o destino de um país, escritores que brindaram seus leitores com o melhor do seu conhecimento, artistas que tocaram mentes e almas com as suas obras de arte, pensadores que mudaram conceitos e derrubaram preconceitos permanecem esquecidos aos olhos da sociedade em seus leitos sepulcrais. A visita a necrópoles no Brasil não tem sido estimulada e explorada na amplitude que merece, não havendo demanda em algumas cidades turísticas e tampouco a oferta em outras. As causas estão muitas vezes enraizadas na cultura e nas tradições de cada localidade. Uma delas é a superstição ligada a cemitérios, um entrave para um aspecto turístico comum em alguns países e não menos interessante ou importante que os demais, o pouco conhecido turismo em necrópoles.

Embora seja incomum em países como o Brasil é cada vez mais comum em países na Europa como a França e mesmo nos Estados Unidos as visitas em massa a túmulos de famosos como ocorre em Hollywood, onde as visitas a necrópoles e túmulos de grandes nomes do cinema mundial fazem parte de roteiros turísticos, ou ainda à casa de astros como Elvis Presley que atrai multidões todos os anos, ao local onde ocorreu o assassinato John F. Kennedy ou do atentados às torres gêmeas em Nova York.

A atividade turística tem incentivado ativamente viabilizando a infra-estrutura de transporte, alimentação, acomodações e atividades culturais presentes nesses roteiros. Por mais estranho que pareça, uma visita a Hollywood sem que se visite o cemitério onde estão sepultados inúmeros famosos é algo impensável em alguns roteiros turísticos. Essa busca leva ao consumo de outros produtos e serviços turísticos, contribuindo de forma significativa para o desenvolvimento social e econômico do turismo nas localidades onde estão inseridas, e contribuindo mesmo que indiretamente para transformar o "espaço", que em outros momentos seria evitado.

Embora seja uma atividade tão antiga quanto a história da humanidade, portanto difícil de identificar seu início, os registros encontrados indicam sua existência há milênios já com a visita de peregrinos aos túmulos de pessoas consideradas "santos", ganhando força com muitos poderosos da antiguidade grega e romana procurando registrar sua "existência" ou "passagem" por esta vida, nos legando esculturas e monumentos que são atualmente referências em diversos países. Barbosa (2004) mesmo abordando de forma crítica a atividade, reconhece sua importância resultando em um processo de consumo desencadeado pelo turismo.

*"A indústria do turismo, por intermédio da venda do entretenimento e turismo cultural, transforma certos lugares, que talvez possam parecer estranhos, em pontos turísticos. Pode-se citar o exemplo dos city-tours que incluem idas a cemitérios. Buenos Aires tem, no La Recoleta, um dos mais importantes pontos de visita de turistas. Lá se pode ver o túmulo de pessoas ilustres da história Argentina, entre eles o de Evita e o de Perón. Em Washington, é a mesma cena com o cemitério de Arlington, onde estão também os túmulos de John Kennedy e outras pessoas importantes. O turismo cria os mitos e símbolos e os transforma em objeto de consumo; os dois roteiros citados acima certificam essa situação". (Barbosa, 2004:38, 2a ed. revista).*

Algumas cidades tornaram-se bem conhecidas como Paris na França, onde milhares de turistas visitam anualmente as criptas, esculturas e túmulos de artistas, políticos e de famosos como o do roqueiro Jim Morrison, de Allan Kardec (precursor do espiritismo), do escritor Oscar Wilde dentre numerosos outros (Cemitério Père Lachaise). Outros cemitérios famosos em Paris são os Cimitiéres de Montmartre e Montparnasse. Neles, praças bem cuidadas e ajardinadas, longe de ser algo lúgubre são na verdade espaços convidativos para casais de namorados, para leitura, estudo e meditação devido à tranqüilidade do espaço ou simplesmente para se observar a beleza artística dos túmulos ricamente esculpidos. Além de Paris e Buenos Aires, há numerosos outras necrópoles que merecem ser visitadas espalhadas por países como Israel, Itália, Inglaterra e inclusive o Brasil.

O valor pela arte influenciou homens ricos, personalidades e amantes da arte a encomendarem esculturas e túmulos trabalhados por artistas e artesãos para decorar o seu leito eterno. São obras raras de artistas e artesãos famosos e reconhecidos internacionalmente que permanecem expostas a um público silencioso, pois se estivessem em museus seriam certamente comentadas, catalogadas e talvez recebessem o valor que merecem.

Em cidades como São Paulo cemitérios como os da Vila Formosa, do Araçá e da Consolação são verdadeiros museus a céu aberto, que embora sejam ignorados pela imensa maioria da população estão sendo aos poucos divulgados pelo poder público e agências de turismo. Neles é possível encontrar obras de escultores famosos e talentosos como Galileo Emendabili, Victor Brecheret, Leopoldo e Silva dentre tantos outros espalhados pelas necrópoles paulistanas e cariocas, além de esculturas, capelas em estilos românico e o gótico, mausoléus e túmulos de escritores famosos e personalidades que influenciaram a história do Brasil.

Um dos maiores problemas que esta atividade costuma enfrentar é a religiosidade popular e especialmente as superstições infundadas. Muitas pessoas são religiosas e supersticiosas por natureza, temendo-se os mortos às vezes muito mais que os próprios vivos. Os locais onde há pessoas sepultadas costumam ser evitados, e até mesmo em conversas informais o tema não é dos mais bem aceitos, exceto quando vinculado ao chamado humor negro. Esse receio ou medo supersticioso que muitos nutrem, os impedem de apreciar as manifestações artísticas ou atentar para a riqueza histórica presente nas necrópoles. Outro problema é a associação imediata com a imagem de cemitérios sujos, com covas abertas, cruzes e retratos espalhados pelo solo; que é na verdade a realidade mais comum da grande maioria dos cemitérios brasileiros, não sendo esses necessariamente os locais abordados neste livro. É preciso haver algum elemento atrativo para justificar a visita, seja histórico, arquitetônico ou artístico.

Em países como o Brasil, as necrópoles passaram a ser locais rejeitados e procurados apenas em raras ocasiões por suscitar medo em grande parte das pessoas, o que nem sempre é racionalmente justificável. Não é incomum o roubo de objetos valiosos de túmulos, ossos, ou o furto de objetos metálicos por pessoas que transitam nesses espaços sem que vejam algo de sobrenatural que os amedrontem. Em contraste com o medo de aparições sobrenaturais, cemitérios como os italianos, americanos e parisienses são visitados e até mesmo palco de namoros e brincadeiras mesmo durante a noite, sem que nada de extraordinário aconteça, ou seja, as crenças podem definir muitas vezes o que se quer ver, ouvir ou sentir.

Ademais, museus de todo o mundo conservam e expõem ao público partes de túmulos, urnas funerárias, esqueletos, esquifes e mesmo cadáveres, pois as múmias nada mais são que corpos humanos embalsamados. E essa exposição não suscita medo ou receio dos turistas que os admiram ou das pessoas que furtam partes de corpos ou de pertences de mortos em grandes cidades; assim como em lugares como no Egito onde ladrões profissionais roubam objetos raros ou jóias em sítios históricos ou arqueológicos. Obviamente as realidades são diferentes, um museu e um cemitério, mas é a imagem que se cria do espaço que torna a expectativa prazerosa ou amedrontadora.

Muitas cidades brasileiras possuem um grande potencial a ser explorado através da busca da arte em necrópoles como já ocorre em São Paulo e no Rio de Janeiro, podendo atrair visitantes locais e mesmo turistas internacionais que queiram contemplar suas manifestações artísticas, arquitetônicas e históricas. É de suma importância que os profissionais e estudantes de áreas como arquitetura, artes e turismo voltem sua atenção para essa faceta pouco discutida em sala de aula e nos livros. Portanto, a tarefa mais difícil talvez ainda esteja por vir, que é tornar claro à maioria das pessoas que visitar um cemitério não é um programa para ser feito apenas no dia de finados ou na morte de algum ente querido, mas tão enriquecedor quanto visitar um museu em qualquer época do ano.

A morte é a mais certa das realidades para o ser humano, diz um velho adágio muito lembrado nos hospitais. Nada mais próximo da verdade do que saber que um dia, cedo ou tarde nos depararemos com o fim de nossas vidas. Meios de protelar o fatídico dia da nossa morte existe e aumenta a cada dia, mediante tratamentos médicos, aumento da longevidade através da melhoria de inúmeros fatores sociais e econômicos que tem contribuído significativamente para as boas condições de vida da população em muitos países.

Diante da inevitabilidade da morte, adiá-la ou torná-la o mais suave ou menos dolorosa possível, tem sido alvo de busca incessante por parte de pesquisadores, médicos, cientistas e religiosos. Incontáveis somas são despendidas anualmente numa busca, às vezes inglória, pela perenidade da juventude ou prolongamento de uma vida saudável. Investimentos em pesquisas nos mais diversos campos da ciência apontam para as possibilidades futuras de aumento progressivo do tempo de vida dos seres humanos.

Contudo, dependendo do país onde a pessoa viva, das crenças que possua ou tradição seguida, a morte não é apenas uma realidade inevitável estando também inserida num contexto que não a torna tão cruel ou triste quanto pareça. Para muitas religiões no mundo, a morte é apenas uma passagem para outra vida ou outras vidas, e dependendo das circunstâncias não significa necessariamente algo de tão ruim ou tão amedrontador.

De desagradável abordagem, a morte tem sido objeto de estudo de muitos profissionais e curiosos no decorrer dos séculos. Dentro dos hospitais é uma realidade diária que deixa profundas cicatrizes e mágoas nos que perdem seus familiares. Contudo a abordagem deste livro se volta para o período posterior à morte, os rituais, as cerimônias, as formas como os túmulos são erigidos e enfeitados; e como desde a antiguidade os locais sagrados onde os mortos se encontram sepultados são alvos de visitação turística, mesmo sendo uma realidade muito pouco conhecida, ou sequer concebida para a grande maioria das pessoas.

Muito pouco conhecido, necrópoles tem atualmente levado cada vez mais pessoas a visitá-las, não apenas com objetivo de prestar alguma homenagem a algum familiar sepultado, mas diante da "descoberta" de uma grande quantidade de obras artísticas, que silenciosas velam pelos que lá se encontram. Essa nova manifestação tem sido conhecida como "arte funerária" ou "arte tumular", pois sobre os muitos túmulos se encontram obras de arte não apenas de artistas anônimos como também dos mais renomados e conhecidos na história da arte brasileira.

A Grande Enciclopédia Larousse Cultural define túmulo como sendo "s.m. (do *lat. tumulus.*) 1. Monumento funerário que se erige em memória de um morto no lugar onde ele está enterrado. 2. Sepultura. 5. Grande monte artificial de terra ou de pedras que se coloca sobre uma sepultura, às vezes encimado por um monumento ou troféu." (1998: 5788). Muitos túmulos não são necessariamente simples sepulturas, são monumentos rebuscados e erigidos segundo padrões arquitetônicos e artísticos que visam exaltar alguma característica pessoal, social e econômica da pessoa sepultada. Não se restringe a apenas pequenas construções podendo ser grandes monumentos públicos e privados e sua origem pode datar do Neolítico.

Os cemitérios sempre foram excelentes fontes de informações do que ocorreu em determinada localidade e época, muito embora estes sejam despercebidos e até mesmo evitados pela comunidade a que é útil. Igualmente os túmulos são construções que nos transmitem informações pormenorizadas sobre as preferências artísticas, poder aquisitivo e interesses das famílias que contratavam profissionais e artistas para construir e decorar o leito de morte. De acordo com a Enciclopédia Larousse Cultural, ao abordar essa importância para a arqueologia e as belas artes "Os tipos de sepulturas constituem um fiel reflexo da sociedade que os emprega e, sob esse aspecto, são uma fonte de informação de primeira ordem a respeito das sociedades antigas". (1998: 5787)

Ainda que seja de desagradável abordagem, não é pequeno o número de pessoas que mesmo tendo morrido há décadas ainda permanecem psicologicamente vivas para as novas gerações. Muitas dessas pessoas continuam rendendo verdadeiras fortunas aos familiares com a venda dos direitos sobre sua produção artística em vida. Mais que isso, atraem numerosas pessoas para os lugares onde viveram. É o caso de cantores como Elvis Presley, que atrai multidões de fãs para conhecer sua casa e túmulo, os Beatles, que levaram a cidade de Liverpool na Inglaterra a desenvolver um antimarketing turístico para lidar com os barulhentos jovens que querem conhecer a terra da banda que revolucionou a música no mundo, ou ainda cantores como Bob Marley que celebrizaram a Jamaica como a terra do *reggae*.

A morte também acaba se transformando em um espetáculo cruel que permite que milhões de pessoas no mundo inteiro assistam em tempo real acidentes e a consequente morte de esportistas famosos como de Ayrton Senna da Silva, ao chocar-se contra um muro na curva Tamburello, durante uma corrida ocorrida na Itália. Ou mesmo, a morte da princesa Diana (Inglaterra) num túnel em Paris na França, atraindo a atenção do mundo inteiro ávidos em acompanhar todos os detalhes pela mídia, como lembra bem Trigo (2000: 66) no seu livro, "A sociedade pós-industrial e o profissional em turismo" ao abordar a morte vista dentro da ótica de uma sociedade pós-moderna como um espetáculo teatral visto em tempo real.

Após tais acontecimentos trágicos muitos desses lugares são então modificados para receber a visita de fãs, visitantes e/ou turistas do mundo inteiro que desejam conhecer o lugar onde ocorreu o acidente. Muitas dessas intervenções visam o conforto e a segurança, haja vista a impossibilidade de impedir o fluxo de visitantes, em outras o ganho econômico. Como geralmente são erigidas homenagens nesses locais, acabam criando um ponto onde o turismo se desenvolve no entorno do local ou do monumento construído em homenagem àquela pessoa, e que os turistas posam ao lado para mostrar aos amigos e conhecidos que estiveram onde ocorreu o fatídico acidente. Congelando, na verdade, a imagem de uma tragédia, mas que no contexto do turismo cria valor para quem se deslocou de lugares distantes reverenciando alguém que jamais tiveram a oportunidade de conhecer em vida.

Obviamente há situações que podem ser discutidas como a entrada em locais como o Memorial do Genocídio em Phnom Penh no Cambodja, onde estão os crânios e ossos dos incontáveis mortos pelo regime vermelho e que tem atraído numerosas empresas de turismo para explorar comercialmente essa tragédia. Os quilômetros de túneis sob a cidade de Paris com ossos e crânios de cemitérios e até mesmo igrejas decoradas com ossos humanos. Interesse financeiro ou uma das muitas formas de mostrar ao mundo os horrores que alguns homens submetem o seu povo ao ascenderem ao poder? Trata-se de uma discussão válida.(Time 18/04/2005, pág. 13)

A imagem seguinte mostra o túmulo gótico de um cavaleiro medieval sendo carregado por oito homens com capas e escudos, é possível ver as faces de cada escultura sob o capuz. Em primeiro plano encontra-se dois túmulos em mármore branco de membros da nobreza. É impressionante a beleza das esculturas, os detalhes esculpidos como as faces dos cavaleiros, das vestimentas e outras indumentárias usadas em ambas esculturas. Podem ser fúnebres, mas carregam uma beleza rara que olhos atentos podem descobrir ao observar longamente cada detalhe do trabalho do escultor. São túmulos que se eternizam no tempo através da beleza da escultura. Se estivessem am algum cemitério talvez não estivessem tão bem cuidados ou seriam admirados como o são dentro do Museu do Louvre em Paris.

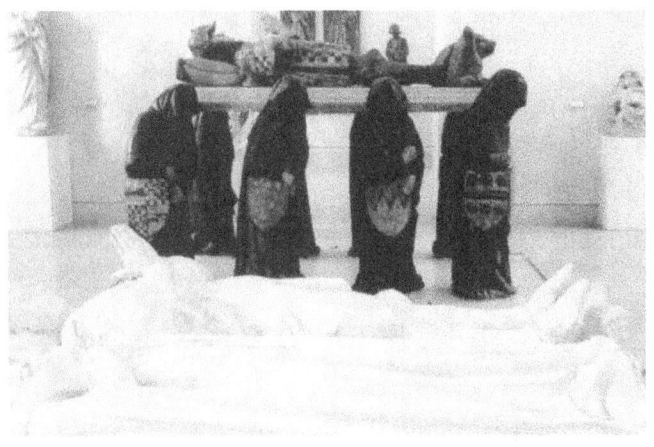

Especialmente em se tratando dos numerosos monumentos funerários espalhados pelo mundo; alguns já possuem uma bem estabelecida estrutura de apoio aos turistas, sendo conhecidos e divulgados internacionalmente. São monumentos como o Taj Mahal na Índia, reverenciado como o "Monumento ao Amor" devido à sua história e que é na verdade um grande e magnífico túmulo. Ou mesmo a Abadia de Westminster em Londres na Inglaterra com seus túmulos de reis e rainhas; muitos dos quais esculpidos em mármore raro ou decorados com belíssimas esculturas. Trata-se, portanto de algo mais próximo do que se imagina das pessoas e que apesar da sua longa existência e importância muitos poucos autores tem se voltado para esse tema, considerado por alguns de mau-agouro.

Em resumo, o local onde a obra se encontra determina se o visitante terá medo ou verá beleza. Sim, o espaço pode influenciar a percepção da arte quando se aborda o turismo em necrópoles ou a

Imponente túmulo localizado dentro da Catedral de Notre Dame em Paris, com belíssimas esculturas retratando a passagem do morto deste para o outro mundo.

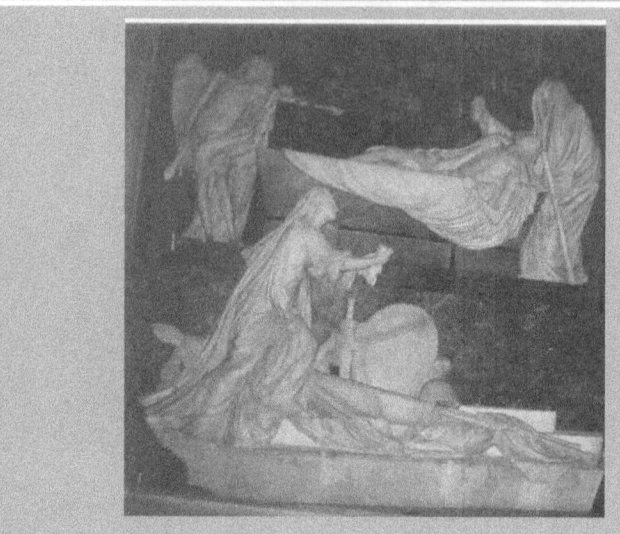

visitação de obras de arte em cemitérios comuns. O mesmo princípio pode ser aplicado, por exemplo, em catedrais como as de Notre Dame em Paris (imagem acima), em Roma ou da Sé em São Paulo com seus túmulos sob grandiosas esculturas.

# 2

## AS ORIGENS CULTURAIS E HISTÓRICAS DA ARTE TUMULAR OU FUNERÁRIA

Não é incomum ouvir notícias de novas descobertas arqueológicas em lugares inesperados como a tumba de um rei sepultado há 1400 anos atrás na Inglaterra, das 50 múmias encontradas envoltas em linho, dentro de sarcófagos de pedra e madeira, em Saqqarah no Egito, com cerca de 3000 anos de existência por arqueólogos franceses e egípcios, ou dos numerosos achados arqueológicos na Grécia durante sua preparação para os jogos olímpicos de 2004. Sob o solo que pisamos encontra-se na verdade um rico tesouro deixado pelos nossos antepassados e que na agitada rotina despercebemos as civilizações ou povos que nos antecederam e cuja história foi enterrada junto.

Assim como ocorre atualmente, desde a antiguidade cada povo tinha o seu costume ou ritual para com os seus entes queridos mortos, em parte influenciados pela sua religiosidade. Desde as mais antigas civilizações percebemos que a morte sempre suscitou respeito e alimentou o imaginário coletivo sobre o que ocorre posteriormente. Muitos dos costumes praticados na antiguidade não mudaram na sua concepção básica, assumiram uma nova roupagem e formas de serem praticados, tendo, no entanto as mesmas motivações.

Há uma breve história muito conhecida que aborda o respeito às crenças individuais que cada um possui ou pratica para com os seus mortos, e que demonstra como muitas vezes participamos sem perceber dos mesmos rituais que para outros pode parecer estranho. Uma pessoa ao visitar um familiar seu em um cemitério, vê alguém na sepultura ao lado colocar alguns alimentos sobre o túmulo e zombeteiramente pergunta. - Quando é que o seu parente morto vai comer aquela comida que você está depositando sobre o túmulo? Em resposta essa pessoa, se vira e diz: - No mesmo momento em que o seu parente morto vir cheirar as flores que você depositou sobre o túmulo dele.

Simples, mas realístico. Essa breve história ilustra como muitos costumes arraigados no comportamento de vida das pessoas podem passar despercebidos, enquanto outros podem parecer gritantes. Ainda hoje há em alguns lugares do Japão, cidades em que os mortos descansam em túmulos tão ricamente trabalhados que os seus familiares não se dão ao luxo de usufruir em vida. Em outras culturas e cemitérios as pessoas levam alimentos, fotografias e pertences pessoais como presentes e os depositam sobre os túmulos de seus familiares ou antepassados.

A diversidade de hábitos e costumes com referência à morte pode ser investigada desde os períodos pré-históricos. É grande a quantidade de ossadas humanas completas encontradas em muitas grutas e cavernas em várias partes do mundo. Os homens em algum momento na pré-história perceberam os diferentes processos de decomposição do corpo em ambientes separados, assim como resolveram proteger esses corpos de aves, animais e das intempéries. Muitos esqueletos que foram encontrados petrificados estavam impregnados, por exemplo, com carbonato de cálcio. O hábito de sepultar em grutas não era incomum. É bem conhecido o relato de Lázaro na Bíblia, onde este estava sepultado dentro de uma gruta. O próprio Jesus Cristo também foi sepultado em uma gruta, ambos com pedras fechando a entrada. (S. João cap. 11 versículos 38 e 39 e S. Mateus cap. 27 e versículo 60 respectivamente).

Com o passar dos anos os meios foram se diversificando e resultando na materialização de rituais e costumes bem diferentes, ligados principalmente à crença e fé da época em que a pessoa viveu transferindo sua importância também para a arquitetura e a valorização da arte. O respeito pelos mortos e a necessidade do não esquecimento resultou em túmulos e mausoléus que mostram não apenas a riqueza, poder, influência e preferências do morto, como também possibilita que este continue vivo para a posteridade através de construções visíveis. O entendimento das origens e de culturas ancestrais através de pesquisas conduzidas em diversas necrópoles em diferentes partes do mundo parece justificar os árduos anos despendidos na busca das informações que utilizamos diariamente para explicar as origens e o desenvolvimento de nossa sociedade.

## Breve história do surgimento das necrópoles

Muito se ouve falar ou se lê sobre achados em "tumbas" (do grego *Tymbos* e do latim *tumba*) que são popularmente chamados de "túmulos" no nosso vernáculo ou o espaço onde os mortos são sepultados. Embora os costumes variem de um local e cultura para outra, os achados nos fornecem datas que nos permite entender cada cultura como as tumbas ou os cemitérios datando do final do V milênio (a.C.) encontrados na antiga Mesopotâmia, antes da sua hierarquização ocorrida no cemitério de Eridu. Hoje são bem conhecidas as tumbas de câmara que possuíam corredores com acesso às diversas câmaras ou espaços em seu interior, onde depositavam os esquifes com seus pertences, tornando-se o meio preferido para sepultamento de reis e demais membros da nobreza. A própria Mesopotâmia que é reconhecidamente uma civilização bem desenvolvida para a sua época, deixou-nos relatos em registros históricos e mesmo na própria Bíblia sobre reis e nobres que as utilizavam largamente para sepultamentos. Já os reis de cidades como Ur, no final do III milênio eram enterrados em hipogeus[1], sistema que tornou-se posteriormente um privilégio também para as classes sociais mais abastadas.

Ur não foi a única cidade que se tornou referência pela forma de sepultamento dos seus mortos. Do século XIV ao XIII (a.C) Ugarit tornou-se conhecida pelos seus belos jazigos de origem ou inspiração Micênica. Fachadas esculpidas ou decoradas tornaram-se comuns nas câmaras funerárias como as encontradas no túmulo dos reis aquemênidas[2]. Os mausoléus já eram comuns a essa época, embora restritos aos membros da nobreza, reis e rainhas. As câmaras funerárias dentro das tumbas na Macedônia tinham como característica uma fachada imponente e o aspecto de templo indicando o poder e a majestade de quem o ocupava, como é o caso da tumba monumental de Filipe II, rei morto em 336 a.C. na cidade de Aigai.

A cidade de Aigai foi uma das capitais da Macedônia, onde também foram localizados túmulos datados da idade do ferro (de 1100 a 600 a.C.). Numerosos túmulos de príncipes foram encontrados decorados ou ornamentados com pinturas em murais notáveis para a época. Embora restrito à aristocracia da época muitos monumentos funerários eram encomendados aos hábeis escultores da Grécia que se esforçavam para construir túmulos e esculpir estátuas que atestassem a

---

[1] O hipogeu era uma construção ou escavação subterrânea em que os antigos depositavam os seus mortos, podendo ser também uma cripta.
[2] Dinastia persa fundada em 550 a.C. por Ciro I. O último aquemênida foi Dario III, derrotado por Alexandre o Grande, em Arbela (331 a.C.) terminando assim com a dinastia.

riqueza, sabedoria, importância ou outro atributo de quem a encomendava.

O local de sepultamento também era importante e atrelado a alguma forma de reconhecimento ou honraria no meio em que a pessoa vivia, como ocorria com os sepultamentos dentro de igrejas ou mesmo a construção de tumbas ao lado da casa ou residência da família do morto, especialmente na Grécia antiga. Construir um belo túmulo sem que fosse visto seria como se fosse um grande desperdício e não atestaria a grandeza do seu habitante. Assim tão imponente quanto o túmulo fosse estava também a importância do local onde ele seria colocado, pois precisava ficar visível para que mesmo depois de morto, continuasse vivo na memória de todos na localidade.

A separação entre o local onde os mortos eram enterrados e a residência da família, somente ocorreu a partir do século VII a.C., passando a existir a cidade dos mortos ou as necrópoles. Um exemplo é "Cerâmico", um bairro de oleiro em Atenas que se tornou a maior Necrópole[3] então conhecida. Também na Grécia antiga as tumbas dos príncipes eram circundadas pelos ossuários dos demais sepultados como é o caso de Micenas, cujos dois conjuntos de tumbas com o formato de uma colméia são célebres, um dos quais mede 6 metros de largura por 36 metros de comprimento.

Outra civilização que também se utilizou a tumba de câmara foi a Etrusca. As câmaras eram decoradas com afrescos ou com esculturas e eram acessadas por um dromo (corredor de acesso às câmaras). A organização da civilização etrusca pode ser percebida através das suas necrópoles, muito bem organizadas como se fossem cidades reais como Tarquínia, Cerveteri e Vulci, dentre outras.

Quanto à civilização egípcia, esta se destacou das demais no trato e cuidado com os mortos deixando valiosas informações dos ritos e práticas comuns à época. Sepultamentos como os de reis ocorriam com os seus pertences pessoais, alimentos e utensílios em geral que pudesse ser-lhe útil na sua jornada pela outra vida (conforme acreditavam), e de forma macabra para os nossos dias, sepultava-se também a esposa, serviçais e escravos os quais eram lacrados com ele dentro do túmulo que se encontrava na parte inferior da pirâmide. Outro destaque da arquitetura funerária egípcia, trata-se das tumbas que não eram construídas apenas como o leito de descanso, mas como a morada

---

[3] Necrópole: Do gr. *Nekros*, morto + *Polis*, cidade; cidade dos mortos ou cemitério que apresenta monumentos funerários. (Larousse 1998:4172)

eterna dos mortos que seriam sepultados ali, sendo geralmente dividida em duas partes, a primeira onde os vivos realizavam os seus rituais e a segunda onde a múmia ficava, um local secreto em relação aos demais. Vale lembrar que existiram vários reinos egípcios simultâneos, não sendo apenas um único rei que viveu em cada período podendo variar rituais e práticas dentre eles numa mesma época.

Conhecidas internacionalmente como símbolos de prosperidade, poder e também bem características do Egito, as pirâmides são construções complexas sendo ricamente decoradas internamente. Dentre as tumbas dos grandes faraós que reinaram sobre o Egito antigo as mais conhecidas são as de Quéops, Quéfren e Miquerinos. Embora seja uma referência no Egito muitos ficam surpresos ao visitarem outros locais como o Vale dos Reis onde existem numerosos hipogeus com múmias de reis e rainhas. Além dos hipogeus nas cidades de Tebas e Beni-Hanan havia também as mastabas[4] de Gizé que são monumentos rebuscados construídos para os nobres e mais abastados do reino. A riqueza de detalhes da decoração pode ser percebida pelo estuque pintado encontrado na tumba da esposa do Rei Ramsés II, a rainha Nefertari, localizado na cidade de Tebas.

No antigo Egito, as pirâmides foram construções funerárias monumentais para a época em que foram erigidas, tendo uma precisão geométrica espantosa e orientação astronômica perfeita. As sepulturas dos faraós ficavam sob a pirâmide que era a parte mais alta desse magnífico complexo funerário, dispostas dentro de câmaras que eram acessadas por diversas galerias subterrâneas. Costumavam se dividir em partes onde ficava a sepultura do faraó que era ampla; suas oferendas e objetos pessoais como armas, livros, esculturas, jóias, alimentos e bebidas para acompanhá-lo em sua viagem em direção ao deus Rá (deus Sol); e de sua família que em muitos casos eram enterrados vivos para que tomassem conta do faraó. A veneração aos mortos era parte importante da sua cultura e como acreditavam que o corpo precisava ser preservado, desenvolveram com maestria a arte de embalsamar, mumificando os corpos. É comum a mídia divulgar de tempos em tempos novas descobertas de tumbas e múmias encontradas em escavações ou durante construções em regiões históricas.

Na Roma antiga os costumes variavam de acordo com a família, pois inicialmente o meio mais comum era a cremação ou incineração

---

[4] Mastabas são monumentos funerários com cripta e capela; túmulos retangulares com sarcófago e objetos pessoais do morto.

dos corpos, muito embora outras famílias inumassem os corpos e os depositassem igualmente em hipogeus. Grande parte da sociedade optava pelos Columbários, que eram nichos simples onde são depositadas as cinzas resultantes da incineração. Apenas os cidadãos ou grandes autoridades construíam mausoléus. Foi somente no II séc. d.C. que as influências religiosas tornaram comum a utilização de sarcófagos em maior quantidade. Em relação às cerimônias fúnebres, estas poderiam se perpetuar indefinidamente, pois os túmulos eram considerados como templos das divindades que protegiam os familiares vivos. Algum tempo depois é que surgiram as esculturas em mármore e que se revelaram uma das manifestações artísticas de grande valor, e que se tornou um diferencial para muitas famílias daquela época.

A utilização de sarcófagos e mausoléus romanos em sepultamentos foi uma tradição que perdurou até o início da Idade Média, quando a Igreja Católica aumentou sobremaneira sua influência no mundo medieval alterando os hábitos e costumes que existiam. As lápides passaram a se tornar comuns nos cemitérios, surgindo em seguida as esculturas deitadas sobre os túmulos, o que deu início ao surgimento de uma grande quantidade de obras de arte desenvolvidas para decorar túmulos na Europa, especialmente na França, Inglaterra e Itália. Embora atribuída ao fim do século XIII, foi durante o Renascimento que esse tipo de arte, como outras, ganhou expressão e corpo. Adotou-se o movimento, aspectos cênicos e em vez de apenas estátuas deitadas ou jacentes, surgiram outras em posições diversas como as suplicantes. O Barroco da Itália incrementou a arte ao instituir esculturas em diversas posições criando monumentos grandiosos.

Indiscutível o fato das diferenças de conceitos acerca da morte influenciar pagãos e cristãos na forma como deixam algum registro para a posteridade. Os cristãos acreditavam numa outra vida melhor que a vivida aqui, se caracterizando inclusive pelo despojo de riquezas e posses com a vida na terra sendo considerado algo passageiro. No mundo pagão havia uma diversidade de crenças, dependendo do lugar e das tradições. Para alguns a vida continuava após a morte em outros planos espirituais, para outros a vida era uma transição, havia os que acreditavam na reencarnação e ainda aqueles que acreditavam ser a vida um fim em si mesma.

Para muitos a morte significava o fim e como não queriam ser esquecidos construíam os seus túmulos próximos ou ao longo das vias romanas, como a *Via Áppia* em Roma. Acreditavam que ao terem as suas lápides lidas jamais seriam esquecidos pelos vivos. Já os cristãos tinham outro conceito sobre a morte, perceptível quando se analisa as Catacumbas onde eram sepultados, costumeiramente pintadas com temas que exprimiam serenidade e paz incluindo até mesmo motivos alegres com cores vivas, pássaros e flores.

Em Atenas na Grécia, os rituais funerários sempre ocuparam uma parte importante dentro da estrutura social existente com os seus ritos de lamentação privados e públicos, e suas construções rebuscadas marcadas pelo luxo e grandes gastos que acabaram sendo controlados pela Pólis grega, através de Sólon[5] e sua legislação funerária. As tumbas e monumentos funerários assumiam proporções suntuosas e colossais, enquanto que as manifestações de pesar como lacerações, choros, gritos entre outras podiam durar dias seguidos.

Sólon, ao implantar suas reformas que reduziu o poder das famílias grandes e abastadas, procurou restringir a quantidade de alimentos e bebidas nos cortejos, limitava a quantidade de dias e pessoas necessárias para construir uma tumba, impunha um limite ao tamanho da cesta de oferendas e proibia os sacrifícios de animais no local do sepultamento entre outras regras que limitava a ostentação pública de riqueza diante dos menos afortunados. Muito embora, ocasiões solenes como as de pessoas de grande importância continuassem preservadas como cerimônias de interesse público.

Com a nova legislação, surgiram outros meios de expressão do poder, riqueza ou importância da pessoa na sociedade, que se manifestou através das esculturas que se multiplicaram. Estas tinham o papel de não apenas embelezar o túmulo como de expressar para a sociedade e para os que viessem posteriormente as origens aristocráticas, a importância da família e a virtuosidade do morto. Assim, os passantes teriam conhecimento da notoriedade da pessoa fazendo com que ela fosse lembrada ou ao menos não sendo esquecida. De forma diferenciada e utilizando-se de ricas esculturas muitas famílias conseguiram ostentar sua imponência e importância social, estabelecendo um precedente para os tempos modernos, onde a escultura pode informar qual a identidade de quem está no túmulo.

---

[5] Sólon foi um estadista ateniense (640-558 a.C.), considerado um dos sete sábios da Grécia, responsável por sua expansão, e que lançou as bases da moderna democracia ateniense com as reformas que conduziu. (Larousse 1998: 5453)

# O contexto brasileiro

Inicialmente pela colonização e depois com a vinda de numerosos imigrantes estrangeiros a cultura européia acabou se difundindo no Brasil deixando suas marcas por todo o país. Junto, vieram escritores, poetas e escultores que difundiram a cultura de tornar os feitos em vida serem exaltados após a morte, e que acabou por influenciar o estilo de vida de parte da elite brasileira no gosto pelas artes. Como se tratava de técnicas até então desconhecidas no país, alguns brasileiros aprenderam com mestres na Europa ou escultores que vieram para o Brasil como Galileu Emendabili, Victor Brecheret, Rodolfo Bernardelli, Bruno Giorgi, Nicolla Rollo e Willian Zadig dentre outros. Suas obras podem ser vistas em locais públicos e privados, inclusive necrópoles, que se tornou a exemplo das necrópoles européias, um meio de perpetuar a história e influência de algumas famílias mais abastadas.

Uma tradição comum à Igreja Católica era o sepultamento dentro das igrejas, uma prática que posteriormente foi considerada insalubre e nociva à saúde pública. Já no século XIX surgiram numerosos debates e discussões sobre a insalubridade desta prática resultando em numerosos protestos por parte de religiosos populares, e a aprovação em 1856 da primeira lei que regulamentava o primeiro Cemitério Municipal de São Paulo, criado em 1858 e que posteriormente ficou conhecido como Cemitério da Consolação.

Porém, existem registros de cemitérios anteriores a essa data como no século XVII, e que não existem mais ou sofreram alteração em sua configuração original devido ao crescimento das grandes cidades. De fato, são numerosos os cemitérios anteriores a essa data, mas que não apresentam necessariamente obras de arte ou túmulos ricamente ornamentados no Brasil. Alguns exemplos são o cemitério Luterano de Nova Friburgo de 1824 e o Gamboa que se localizava ao lado de uma igreja em 1810, ambos no município do Rio de Janeiro. Ainda no Rio de Janeiro dois dos cemitérios mais conhecidos e também repletos de obras de artes e túmulos memoriais de grande importância artística e histórica são o São João Batista de 1852, e o de São Francisco Xavier de 1840. Bem mais antigos que os de São Paulo, em vista do desenvolvimento da cidade do Rio de Janeiro ser anterior ao desenvolvimento da capital paulista.

Na cidade do Rio de Janeiro, os três cemitérios públicos mais conhecidos foram construídos por ordem de D. Pedro II, em vista de uma epidemia de cólera ocorrida na cidade em 1851. Normalmente a localização ou a instalação de cemitérios ocorre fora ou distante do centro das cidades onde estão localizados, situando-se em sua maioria nas áreas periféricas, os antigos arrabaldes. A concentração de cemitérios em áreas urbanas vista hoje em dia mostra o quanto as cidades cresceram formando as grandes conurbações se tornando parte da paisagem urbana de inúmeras cidades.

Inicialmente não havia grandes distinções nos túmulos dos primeiros cemitérios brasileiros, sendo somente a partir do século XX que surgiram os primeiros túmulos ricamente decorados. Com a riqueza adquirida por algumas famílias tradicionais ou não da aristocracia nas grandes cidades, estes procuraram estender ao leito sepulcral a importância e imponência que tiveram em vida.

Com a vinda de escultores e construtores europeus para o Brasil essas famílias cujas riquezas advindas de atividades como do leite e do café, contrataram os seus serviços para a construção de magníficos mausoléus em estilos como o gótico e o romano, assim como passaram a ornamentar muitos túmulos com esculturas jacentes, suplicantes ou cênicas. Foi uma época onde a elite construía seus casarões e copiava a vida na Europa, trazendo pessoas de todos os lugares para participar do crescimento de cidades como São Paulo e Rio de Janeiro.

A grande quantidade de obras de arte em cemitérios que surgiram tornaram as necrópoles locais figurativamente tão valiosos quantos alguns museus. A maioria dos escultores possui obras expostas em áreas públicas de diversas cidades, museus e centros culturais no Brasil e no

Grande Anjo de Victor Brecheret no Cemitério da Consolação. Uma de suas muitas obras expostas nos cemitérios paulistanos. A falta dos cuidados específicos que obras como estas exigem, e a exposição às intempéries tiram parte do brilho e do encanto de muitas obras de artes nas necrópoles brasileiras.

exterior. A arte não conhece fronteira e não se rende aos encantos de um único local, assim como pode ser vista em um museu também o é possível em necrópoles espalhadas pelos mais diversos países, especialmente a Europa.

Não fosse o medo ou receio infundado que normalmente as necrópoles causam nas pessoas, ou devido às muitas superstições comuns à cultura de muitos povos, as obras de arte expostas nas necrópoles assumiriam uma maior importância estimulando o aumento da visitação tendendo a receber seu devido e merecido valor. As necrópoles deixariam de ser locais tristes e assustadores para serem parte do roteiro cultural ou turístico de suas cidades, caso houvesse uma ênfase maior no valor excepcional que possuem para a história e a cultura local, e muitas vezes nacional dada à importância das pessoas ali sepultadas.

Em outros países, especialmente na Europa e no Leste Europeu, em vista da valorização das obras de arte e dos muitos homens que escreveram a história que aprendemos nos livros, esse tipo de visitação é muito comum sem gerar o desconforto que o tema parece provocar nas pessoas em geral. Mesmo algumas cidades americanas já trabalham bem essa relação turística e comercial nas necrópoles atraindo os visitantes e gerando fluxos turísticos como ocorre em Hollywood. Ir à capital mundial do cinema e não visitar o cemitério dos famosos, como citam alguns guias turísticos, é deixar algo para trás tornando a viagem incompleta.

# 3

## A OCORRÊNCIA DA ATIVIDADE TURÍSTICA EM NECRÓPOLES

Causa estranhamento à maioria das pessoas no Brasil uma abordagem ao turismo cultural, especialmente no tocante a arte tumular ou funerária, ou ainda o estímulo a visitas em necrópoles e monumentos funerários, por uma série de fatores discutidos mais adiante. Visitar "campos santos", terras sagradas ou necrópoles em todo o mundo tem sido uma atividade bem antiga. Em todo o mundo essa não é uma atividade incomum chegando a ser rotineira em muitos países, além de ser encarada sem maiores preconceitos.

O próprio surgimento dessa atividade se deu como ocorre com vários outros fluxos turísticos, devido a tradições comuns de cada localidade de visitar os locais onde familiares e amigos estão sepultados. Uma cultura de respeito aos mortos sempre permeou a maioria das sociedades, mesmo as consideradas bárbaras. Inicialmente não havia propriamente um interesse turístico nas visitas, e sim religioso e pessoal que evoluiu para os padrões atuais. Os costumes comuns que faziam parte da cultura local se tornaram cada vez mais conhecidos com o aumento das viagens entre os povos antigos. Esses aspectos peculiares a um povo ou região podia ser diferente de outra causando estranhamento ou suscitando interesse, especialmente as cerimônias fúnebres ou funerárias. Cada sociedade tem o seu próprio meio de prestar suas honras ou externar seus sentimentos durante a despedida de um ente querido.

A troca de informações acelerou-se com a evolução de modernos meios de transporte como os trens e navios a vapor ocasionando o aumento das viagens para fins religiosos, de pesquisa e de lazer e não apenas comerciais. No Brasil, parte da história antiga pode ser contada por Jean Baptiste Debret, John Luccock dentre outros historiadores e viajantes que abordaram os costumes e rituais, como os funerários em suas viagens pelo interior do país. Embora os ambientes fossem naturais e selvagens a riqueza cultural observada era grande em vista da diversidade de tribos indígenas e pequenos povoados que surgiam, cada um com suas influências. Mesmo o Rio de Janeiro, a então capital do

Brasil, tinha as suas influências indígenas, africanas e européias. Independente de época, estrutura social e parte do mundo os rituais e cerimônias sempre ocorrem seguindo suas crenças e tradições, mesmo que fossem comunidades isoladas.

No caso brasileiro os métodos antigos de sepultamento chegavam a ser aterradores para nossa sociedade moderna, com as pessoas mais simples ou muito pobres sendo enterradas em sepulturas rasas cobertas com camadas insuficientes de terra e sendo socadas com mãos de pilão, ou enterradas em covas ou valas coletivas sem maiores cerimônias. A própria divisão dos despojos dos mortos era algo que considerarímos hoje aviltante, pois até mesmo os padres se empenhavam em adquirir algo para sua igreja, mesmo que fosse os despojos dos mortos. Isso ocorria devido os mortos mais abastados terem suas vestes e objetos disputados pelos que o sepultava, como compensação pelo trabalho realizado e também diante da pobreza prevalecente na maioria dos estratos sociais.

Embora antes estivesse restrito a uma classe aristocrática que apreciava a arte em suas múltiplas manifestações, até por questões financeiras, o gosto pela arte independente de onde ela estivesse se tornou popular em alguns países, mesmo que esta arte se encontrasse em necrópoles. Um exemplo brasileiro, é o do imperador Dom Pedro II que era um grande entusiasta da fotografia, cuja extensa coleção permanece na Casa da Família Real em Petrópolis, Rio de Janeiro. A fotografia era algo permitido para poucos em sua época. Ao viajar para a Europa deixando o governo nas mãos da princesa Isabel, costumava colecionar imagens por onde passava, que é algo extremamente comum nos dias de hoje, a materialização da viagem numa imagem para a posteridade ou mostrar a amigos e familiares.

Dentre os lugares que o Imperador Dom Pedro II visitou, estavam as ruínas da antiga cidade de Pompéia e as Pirâmides no Egito, destinos turísticos mundialmente visitados e inclusive *monumentos funerários* de primeira grandeza, embora não sejam abordados sob esse prisma nos textos deixados. Dentre as centenas de fotografias, apesar dos mais de 100 anos sem contato com a luz possibilitaram que ficassem preservadas, estão imagens de belíssimas esculturas em mármore em cemitérios de Gênova, na Itália. (Monteiro, 2003: 34). O que atesta, que as visitas em cemitérios para admirar obras de destacado valor artístico ou histórico não é algo exclusivo de nossa época e sempre foi praticado pela elite econômica e social da época em que viviam, com fotografias datando de mais de um século, conforme os registros fotográficos da Família Imperial no Brasil nos permitem observar. Muito embora não seja possível mensurar essa atividade no passado, registros como os realizados por Pedro II confirmam a Antigüidade dessa atividade mesmo que de forma restrita a algumas camadas sociais.

Não se trata apenas do rico acervo estatuário existente, mas também das histórias contadas, algumas verdadeiras, há as que permanecem envoltas em mistério enquanto outras como lendas populares. Em Gênova na Itália, é comum ouvir sobre uma mulher que vendia castanhas em frente a um cemitério, para que ao morrer também tivesse sobre o seu túmulo uma escultura unicamente sua. Diz-se que a belíssima escultura que hoje repousa sobre sua lápide, uma mulher com uma cesta de castanhas foi a realização do seu desejo final por um escultor que a eternizou numa estátua.

As viagens de Dom Pedro não eram um caso isolado da nobreza ou dos ricos no passado, existia os *"grand tour"* realizados pela aristocracia inglesa nos séculos XVIII e XIX, cujas viagens eram de estudos, onde um jovem da aristocracia era acompanhado de um preceptor passando pelas principais capitais de países como Holanda, Bélgica, França, Espanha, Suíça e Itália. Acumulava-se uma enorme bagagem cultural e conhecimentos insubstituíveis pela natureza e objetivo dos *grand tours*, que abrangiam visitas a monumentos funerários e necrópoles já com belíssimas esculturas e criptas, o que denota o valor dessa atividade na alta sociedade. (Andrade, 1999: 9-13) Essas viagens geravam um elevado volume de conhecimento prático, que mais tarde foi substituído pelas universidades, sendo que ao retornarem anos mais tarde tais jovens estavam capacitados a assumir importantes funções nos seus governos e países.

Atualmente presenciamos situações comuns que analisadas isoladamente nos transmite informações importantes, como o espaço em que o túmulo se encontra ser o fator que desencadeia o medo. Em muitos casos, visitar túmulos ou locais fúnebres dentro de solos sagrados (Igrejas) parece não causar o mesmo impacto que a mesma visita quando realizada numa necrópole ou outro monumento funerário. É o caso das pessoas que visitam templos e igrejas onde há religiosos sepultados sob o piso ou na capela e que não causa medo aos que freqüentam, visitam ou passam a noite em seu interior por se tratar de um lugar religioso. Nesses locais, em teoria o mal ou os espíritos ruins não entram e os que lá se encontram são santos, portanto jamais causando algum dano aos que lá se encontram.

Portanto, o espaço tem uma função determinante no valor atribuído a uma obra de arte ou a um monumento se este for funerário. Pois, visitar um túmulo num cemitério pode ser mais amedontrador do que visitar o mesmo túmulo dentro de uma igreja. A exemplo dos muitos túmulos existentes em igrejas antigas em toda a Europa e nas catedrais espalhadas pelo mundo. Como citado antes, trata-se de uma atividade cujas origens são antigas e assumiram novas características com o tempo e a modernidade.

Para um melhor entendimento da natureza dessas manifestações culturais dentro do turismo, e que são comuns a todos os países e culturas, podemos subdividi-las em cinco segmentos, sendo:

## ➤ Romarias e/ou Peregrinações

Ocorrem em locais considerados sagrados, onde morreram ou estão sepultados homens e/ou mulheres considerados santos pela Igreja aos quais são atribuídos milagres e curas. Como exemplo temos basílicas, templos e igrejas como a de Santiago de Compostela na Espanha que acredita-se conservar os restos mortais do apóstolo São Tiago, a Basílica de São Pedro em Roma na Itália, e santuários em Portugal e França, além de Jerusalém e outras cidades sagradas sempre muito visitadas mesmo que por outras religiões como Meca.

No Brasil é muito comum a procura por túmulos de pessoas às quais são tidas como tendo realizado algum milagre. Dentre os mais procurados há a sepultura de Antoninho da Rocha Marmo que morreu de tuberculose aos 12 anos de idade e está enterrado no Cemitério da Consolação. De Felisbina Müller enterrada em 1923 no cemitério da Quarta Parada, conforme tem sido divulgado o corpo teria sido encontrado intacto na exumação. De Maria Izilda de Castro Ribeiro, a Izildinha que morreu aos 13 anos em 1911 em Portugal e sepultada no Cemitério São Paulo. Há também visitas ao túmulo das 13 almas com os corpos das pessoas que morreram queimadas no incêndio do edifício Joelma e que se encontram sepultados no Cemitério São Pedro na Vila Alpina.

Embora esses exemplos sejam de São Paulo, há outros espalhados pelo país que atraem pessoas de todos os lugares, como a Catedral de Aparecida, Padroeira do Brasil em Aparecida do Norte; Bom Jesus da Lapa na Bahia; Juazeiro do Norte no Ceará dentre outras cidades e santuários.

➤ **Monumentos Funerários**

São monumentos que atraem grandes fluxos de turistas pela sua beleza, imponência, história ou por simplesmente se tornarem atrativos turísticos. Como exemplo temos o Obelisco do Parque Ibirapuera, que é um mausoléu ao soldado constitucionalista; Panteões em diversos países; o Taj Mahal na Índia, considerado também um monumento ao amor tal a sua história; as conhecidas Pirâmides do Egito, dentre outros como a Basílica de Saint-Denis onde se encontram os corpos de escritores, poetas, de reis e rainhas da França.

➤ **Túmulos de Famosos**

São túmulos que tem atraído pessoas das mais diferentes gerações com o mesmo objetivo, seja o de reverenciar os seus ídolos, conhecer ou de prestar uma homenagem a quem influenciou a história em algum momento. Para exemplificar há o túmulo do cantor Elvis Presley nos Estados Unidos; do cantor Jim Morrison na França; do tricampeão mundial de fórmula 1 Ayrton Senna em São Paulo, dentre inúmeros outros citados adiante.

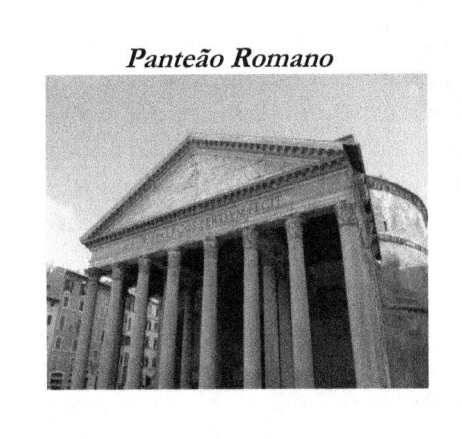

*Panteão Romano*

➤ **Espaços Trágicos**

São os locais onde ocorreram grandes tragédias que sepultaram pessoas e até vilas inteiras, ou locais onde aconteceram massacres ou assassinatos famosos, como tem ocorrido nos Estados unidos a cada ano. Como exemplo temos o massacre na escola secundária de Columbine, onde dois estudantes mataram 12 colegas suicidando-se após o crime e que se tornou um triste modelo para tantos outros que ocorreram desde então. Há o assassinato de John F. Kennedy, o atentado ao World Trade Center, todos nos Estados Unidos, o massacre do Camboja e o de Lidice na antiga Tchecoslováquia. A cidade de Lidice na então Tchecoslováquia (atualmente República Checa ou Tchéquia) vivenciou uma tragédia durante a guerra, quando

82 crianças foram assassinadas pelos nazistas, resultando hoje em um memorial com 82 esculturas em bronze em tamanho natural das crianças na vila destruída pelos alemães. Algo tocante que precisa ser entendido para não ser repetido. Toda a cidade de Lidice foi destruída a mando de Adolf Hitler e seus habitantes assassinados ou enviados para campos de concentração ou de extermínio. Os campos de concentração e os de extermínios também são espaços trágicos visitados anualmente, como lembrança da insanidade de um líder e insensatez do seu povo.

➢ **Monumentos Comuns**

Há ainda os monumentos que não possuem nenhum corpo ou restos mortais da pessoa, mas ainda assim são erigidos em homenagem a pessoas importantes que já morreram. Em alguns casos, são construídos no local onde ocorreu o acidente, podendo também estar em outros espaços, sua característica mais peculiar é atrair visitantes com o intuito de homenagear a pessoa. Um exemplo é a "Chama da Liberdade" onde ocorreu o discutido "acidente" com a princesa Diana, perto do túnel da Ponte de L'Alma em Paris na França, e que atrai

*Homenagem à Princesa Diana em Paris*

visitantes de todo o mundo que lá depositam flores. Na curva Tamburello dentro do Autódromo de Ímola na Itália um monumento homenageia o grande piloto Ayrton Senna cercado de flores e placas de fãs, existem também em algumas cidades européias monumentos em homenagem aos mortos no holocausto nazista.

Embora não exista ainda uma tipologia específica, sendo considerado um dos muitos aspectos culturais da sociedade moderna, o turismo em necrópoles tem crescido e sido caracterizado por fluxos de visitantes que se dirigem a necrópoles, monumentos funerários e lugares onde há alguém enterrado, ou que possua obras de grande valor artístico e cultural que atraia a atenção pública. Conforme Andrade (1999: 71) a expressão turismo cultural utilizada para minimizar o tema é restrita na abrangência que a cultura permite diante da grande capacidade criativa humana, afetando a razão e emoção humana. Como a cultura não encontra limites para ser trabalhada, o turismo cultural encontra espaço para crescer com as suas mais diversas manifestações, tal qual a arte, baseado em aspectos intangíveis como a emoção e os valores de uma sociedade. Uma das bases do turismo está em justamente conhecer esses aspectos culturais dos povos gerando os mais diversos fluxos turísticos em todas as direções.

Esse grande conjunto de conhecimentos e tradições tem sido um dos aspectos de maior importância quando da atração do turismo nas localidades onde esse fenômeno se desenvolve. Mesmo diante de uma homogeneização da cultura mundial onde características comuns são encontradas em praticamente quase todos os lugares da terra, a diversidade de aspectos culturais que demonstra a riqueza de muitos povos ainda tem conseguido resistir à globalização dos seus modos e costumes. Especialmente quando levamos em conta que o modelo globalizado visto é o da imposição da cultura dos países considerados mais ricos, do modelo de vida e de consumo dos países considerados de primeiro mundo sobre os demais países.

Com a redução psicológica das barreiras entre os países muitos dos costumes comuns a certas culturas tem cedido a pressão dos novos tempos, sendo esquecidos ou se adaptando à modernidade mesmo nas culturas mais tradicionais. As novas gerações parecem não valorizar os hábitos culturais de seus ancestrais deixando morrer tradições ricas e valiosas, optando por um estilo de vida sem maiores responsabilidades e obrigações culturais e religiosas.

Por outro lado, o turismo é uma atividade que pode ser considerada antropofágica com o risco de se consumir em si mesma, estimulando inconscientemente que aspectos centenários de uma cultura desapareça ou deixe de ser seguido por estimular nos povos novas necessidades e desejos em oposição ou sobrepondo-se ao passado. Para muitos turistas, o importante é ser o primeiro a usufruir determinada paisagem ou localidade, longe das massas, o que confere *status* e posição de destaque entre os amigos. Quando o espaço deixa de ser exclusivo atraindo cada vez mais turistas vem o turismo popular que pode deteriorar a localidade se esta não estiver preparada para recebê-los, ficando a comunidade sem o turista e com os problemas que estes deixam para trás.

Atraído por tradições exóticas o turista demanda uma série de serviços para a sua permanência que afeta a localidade por onde passa, criando novas necessidades e introduzindo novos hábitos que tendem a desvalorizar os costumes locais por serem mais modernos. No seu desejo de oferecer sempre mais conforto e uma melhor infra-estrutura aos turistas, as pessoas vão se afastando do modelo tradicional de vida assumindo em parte o comportamento do visitante com a chamada "macdonaldização" da cultura. Em outros casos a população autóctone procura algo novo absorvendo outros estilos de vida considerados mais atraentes em detrimento dos hábitos e costumes locais seculares. Essa é uma característica muito comum nos jovens que nem sempre desejam perpetuar os costumes das gerações anteriores por considerá-los antiquados.

Esse problema se manifesta especialmente quando se trata de rituais e costumes que demandam tempo e não são atrativos como cerimônias fúnebres. Os rituais funerários no passado eram complexos e exigia que se seguissem uma série de regras em muitas sociedades. Na sociedade moderna esses rituais não são mais valorizados e são até vistos com um certo receio pelos mais jovens. Curiosamente ocasiões festivas que se modernizaram e que celebram datas similares costumam persistir, embora assumam ares e objetivos completamente diferentes do que ocorria originalmente como é o *halloween* ou o dia dos mortos (*el día de los muertos*) no México.

Em contrapartida, o turismo também tem o poder de valorizar e promover as riquezas culturais ao despertar nas pessoas um senso de preservação e conservação dos seus valores pessoais e das características que torna cada lugar diferente do outro. Permite que a riqueza de detalhes e a beleza que costuma estar ocultos a olhos arredios ou apressados sejam captadas pelos mais atentos. Favorece a valorização da arte ao fomentar fluxos de visitantes, alertando as autoridades para que cuidem de seu patrimônio disponibilizando-o em bom estado à sociedade que merece usufruí-lo.

Esse conjunto de características que possui um cunho cultural, religioso e histórico engloba as manifestações de um povo, podendo mediante a atividade turística ser preservados e valorizados para a posteridade resistindo ao abandono e descaso muito comum nas sociedades sul-americanas. Permite também que o preconceito em relação a outras culturas seja reduzido com o entendimento de atividades universais e que ainda não se desenvolveram em alguns locais, como é o caso do incremento nas visitas em necrópoles para a valorização da arte que persiste oculta à sociedade em geral.

## Monumentos turísticos funerários famosos

Muitos atrativos turísticos são visitados regularmente sem que a maioria dos visitantes ou turistas saiba exatamente que estão visitando, exceto quando já estão dentro, podendo inclusive ser um túmulo ou um mausoléu. Alguns exemplos:

- **Taj Mahal na Índia**

Conhecido universalmente como o monumento ao amor, foi construído entre 1632 e 1654 em Agra na Índia. É todo revestido de mármore branco e internamente é decorado com mosaicos e incrustado com pedras e metais preciosos. Possui uma cúpula central, quatro domos e quatro minaretes. Foi construído pelo príncipe mongol Shah Jahan em homenagem a Arjumand Banu, conhecida como Mumtaz Mahal sua esposa favorita após a sua morte.

É o mausoléu mais famoso do mundo considerado também uma obra-prima da arquitetura mundial e é patrimônio da humanidade. Cerca de 20 mil trabalhadores participaram da construção do mausoléu. Quando morreu, Shah Jahan também foi enterrado junto com sua querida esposa para que a união que existiu em vida, se tornasse eterna na morte.

Os rituais funerários na Índia não eram menos interessantes, desde a insalubre prática de atirar os mortos no Rio Ganges aos rituais de incineração em que havia todo um processo lento e delicado, com a diferenciação do tecido que cobria o corpo do morto de acordo com seu estado marital, ou como os óleos impediam que a carne cheirasse ao ser queimada. Algumas práticas foram condenadas com o tempo, como queimar a esposa junto ao marido morto.

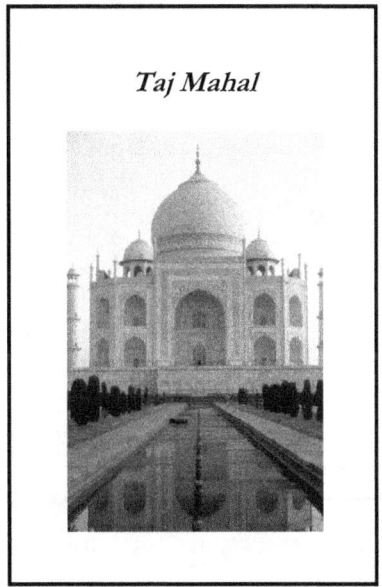

*Taj Mahal*

- **Obelisco do Parque do Ibirapuera em São Paulo**

É um Mausoléu que muitos sequer conhecem, e que foi erigido como símbolo da Revolução Constitucionalista de 1932, é o maior monumento da cidade de São Paulo com 72 metros de altura. Sua construção iniciou-se em 1947 sendo inaugurada em 9 de julho de 1955. Em seu interior estão os corpos dos estudantes Martins, Miragaia, Dráuzio e Camargo (razão da sigla MMDC vista em livros e alguns locais públicos) que morreram em 23 de maio de 1932, e de outros 713 ex-combatentes desta revolução.

Para que fosse construído, foi realizado um concurso onde o vencedor foi o escultor italiano Galileu Emendabili, sendo o engenheiro Mario Pucci responsável pela construção. O monumento é composto de um obelisco de mármore travertino romano, e de uma cripta com o formato de uma cruz grega. Nas suas faces há cenas históricas em alto relevo feitas com pastilhas de mosaico veneziano. Todo o obelisco tem uma simbologia significativa e curiosa idealizada pelo seu escultor, que os visitantes acabam conhecendo durante a visita.

- **Pirâmides e outros monumentos no Egito**

Quando se fala do Egito, instantaneamente pensa-se nas pirâmides que é um dos principais símbolos junto com a Esfinge de Gizé. A riqueza de informações e a grande quantidade de obras deixadas nos remetem a um fausto passado onde os "faraós" legaram a posteridade o termo "faraônico" para descrever as grandes obras e construções monumentais de sua época, apesar da precariedade de condições e rusticidade de métodos utilizados. A matemática utilizada mediante cálculos precisos e os conhecimentos de astronomia são intrigantes para um tempo tão remoto. A arte da mumificação adotada pelos egípcios ainda fascina pelo estado de conservação em que algumas múmias são encontradas milênios depois de enterradas, deixando vestígios históricos da arte funerária para os nossos dias.

É grande quantidade de objetos e documentos que descrevem com detalhes a história envolvendo todo o

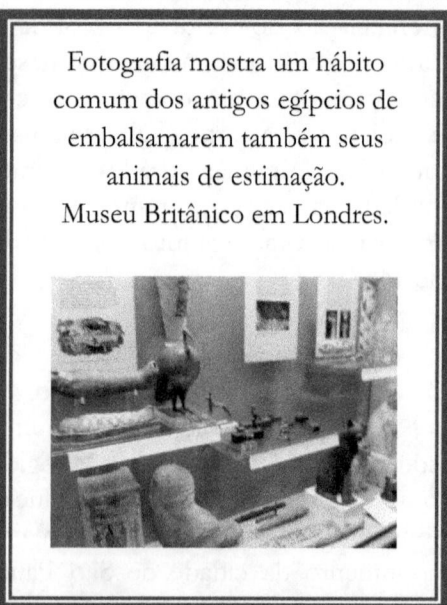

Fotografia mostra um hábito comum dos antigos egípcios de embalsamarem também seus animais de estimação.
Museu Britânico em Londres.

Egito, foi no Antigo Império inaugurado por Djoser em 2800 a.c. na III dinastia cuja capital era Mênfis, que Imhotep seu ministro construiu a primeira pirâmide de degraus em Saqqarah, seguidas pelas pirâmides de Gizé, cujos construtores são os conhecidos Faraós Quéops, Quéfren e Miquerinos. Foi no Novo Império (de 1580 a 1085 a.c. dinastias de XVIII a XX) tendo Tebas como a capital que surgiu a conhecida era dourada da monarquia faraônica. Com a intensa atividade artística e intelectual que permeava o período, Karnak que se situava à direita do Rio Nilo se tornou num imenso parque construtivo, com obras monumentais que ainda podem ser vistas. Nessa região estão também localizados na margem esquerda do rio o Vale dos Reis e o Vale das Rainhas, onde se encontravam cavados os grandes hipogeus reais, de grandes famílias ricas e da nobreza.

Nos templos o rei era o único oficiante legal para os serviços relativos aos deuses e aos mortos; e investido de divindade delegava o seu poder ou esse serviço aos sacerdotes que constituíram corporações sacerdotais com diferentes graus de importância. Com o tempo isso se tornou um problema para os faraós em vista da autonomia e autoridade que estes assumiram, chegando a funções reais. Outra grande importância que os sacerdotes tinham, estava relacionada à vida após a morte em que os egípcios acreditavam. Cabia a eles elaborarem as fórmulas que iriam garantir a conservação dos corpos, e os textos que deveriam acompanhar a múmia em seu sarcófago como o livro dos mortos.

Acredita-se que foi no antigo Império que se atingiu o apogeu da arte funerária. A proliferação de mastabas e os complexos funerários constituídos de pátios, edifícios, templos e suas tumbas vieram atender a necessidade do morto de uma morada eterna. As mastabas, que eram monumentos funerários importantes, chegavam a atingir grandes dimensões como a de Mereruca (VI dinastia). Nelas existiam relevos que procurava retratar o morto quando vivo em suas funções administrativas, em momentos de devoção aos seus deuses, durante caçadas e em outros momentos como em festas. Um dos maiores complexos funerários que se conhece é o de Djoser em saqqarah com o templo de Hatshepsut em Deir-el-Bahari, e os templos funerários de Ramsés II e Ramsés III em Medinet Habu.

O cotidiano dos egípcios continha elementos culturais e religiosos em que a morte era presença constante, tornando-se portanto uma preocupação primária ainda em vida, principalmente quando havia o interesse em não deixar-se esquecer. Essa preocupação com a morte ocupava grande parte dos recursos e de tempo de muitas famílias, sendo para os faraós de máxima importância ser enterrado em pirâmides devido ao aspecto divino de sua existência. A preocupação envolvia o segredo do local dentro da pirâmide onde ficava o túmulo, havendo a separação entre o local onde o culto ao morto era realizado e o local onde ficava a câmara funerária.

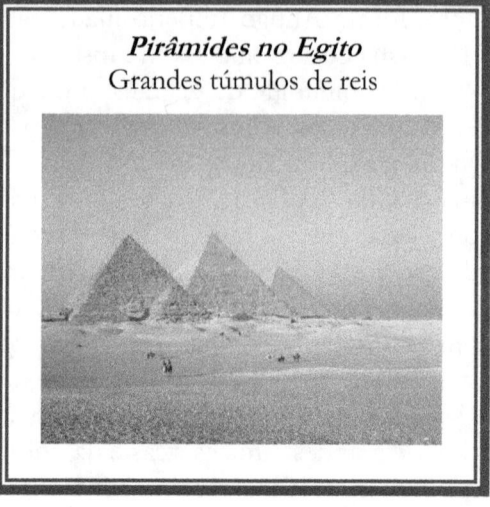

**Pirâmides no Egito**
Grandes túmulos de reis

A decoração das tumbas e câmaras funerárias possuía de pinturas a esculturas nas rochas e incluía normalmente de cenas cotidianas (privadas) a míticas (reais). Um exemplo da riqueza e das habilidades dos artesãos da época pode ser vistas na tumba de Tutancâmon que começou a governar na tenra idade de apenas 9 anos chegando ao fim do seu reinado aos 18 anos, sendo muitos os estudos e especulações sobre sua morte. Reinou de 1332 a 1322 a.C. tendo sua tumba sido encontrada intacta em 1922 pelo arqueólogo inglês Howard Carter.

Segundo a Enciclopédia Larousse (1998: 4623) a pirâmide é uma "Grande construção de base quadrangular e quatro faces triangulares, terminada em ponta, que servia de monumento funerário no Egito faraônico". Sua orientação astronômica é perfeita, com um revestimento à base de granito, tinha o objetivo simbólico de servir de escada para o faraó ir em direção ao deus Sol ou Rá. Na verdade a pirâmide era a parte visível ou culminante do complexo funerário destinado apenas ao faraó cujos templos, galerias e câmaras eram escavadas sob o nível do solo, guardando o túmulo do faraó, de seus familiares, alguns objetos pessoais e oferendas.

Dentre as características de grande interesse estão os dois templos, o Templo Baixo em que os cortejos eram recebidos e o Templo Alto onde era realizado o culto funerário, incluindo também duas barcas representando o movimento do sol do alvorecer ao crepúsculo dentro da pirâmide. Nelas havia textos em hieróglifos dirigidos apenas ao faraó, sendo encontrado também em muitas tumbas o Livro dos Mortos. A pirâmide de Queóps tinha a altura de 146,6 metros, com a largura de 230,5 metros (lado) e com o peso aproximado de cada bloco de granito de 2,5 toneladas. Curiosamente, no outro extremo da terra as pirâmides Maias do período pré-colombiano na América antiga também tinham funções funerárias, não havendo registros de contatos diretos entre as duas civilizações.

Um dos mais famosos complexos funerários é o de Djoser, situado em Saqqarah, que confiou a construção do seu túmulo ao seu primeiro-ministro Imhotep. O complexo retangular englobava vários pátios e edifícios cercados por uma grande muralha com altura superior a dez metros. Possuía uma pirâmide construída em degraus recobrindo a mastaba de 28 metros de profundidade e 70 metros de largura, chegando a ter 60 metros de altura na sua fase construtiva final. Lá havia 11 poços com 32 metros de profundidade, todos ligados a uma galeria horizontalizada de 30 metros utilizadas como tumbas, e salões onde foram encontrados milhares de peças e oferendas aos reis.

A tumba do faraó Ramsés VI (governou de 1156 a 1145 a.C.) descendente de Ramsés II conhecido pelo seu longo e glorioso reinado é repleta de afrescos coloridos com ilustrações do Livro dos Mortos. Em Luxor, construída sobre as ruínas da antiga Tebas estão algumas das grandes atrações arqueológicas do mundo, como os templos de Karnak, Luxor e Ramsés II, sendo a região mais visitada o Vale dos Reis. Entre os muitos deuses do seu vasto panteão, destaca-se o deus Anúbis (o chacal) que assolava as redondezas das necrópoles e era conhecido como o deus embalsamador.

De grande valor histórico estão os achados pelo historiador grego Heródoto sobre a cultura egípcia, que descreve aspectos interessantes relativos aos rituais após a morte de uma pessoa e como era realizada a técnica do embalsamamento. Fazia parte do ritual cobrir o rosto e a cabeça de barro, andar pela cidade batendo nos peitos descobertos e pranteando o morto. Somente após essas lamentações o corpo era levado ao embalsamador onde estes ofereciam basicamente três tipos de serviço, começando pelo mais caro ao mais simples para que a família escolhesse. O processo era lento e demorava cerca de 70 dias para que fosse realizado. Um detalhe curioso é que para evitar que as mulheres mais belas ou jovens fossem vítimas de necrofilia, esperava-se até três dias para que fossem levadas para serem embalsamadas. Tais procedimentos permitiram que em nossos tempos ainda encontremos múmias em excelente estado de conservação em monumentos funerários e tumbas.

Entre as razões que explicam tais achados funerários, arquitetônicos ou estatuários, está o fato de que muitos nobres e funcionários da administração egípcia procuravam justificar sua existência mediante biografias que eram esculpidas sobre os seus túmulos, estelas[6] e estátuas se tornando uma fonte inestimável de informações históricas para os nossos dias, como a estela Rei Djet que se encontra no Museu do Louvre representando as primeiras tumbas tinitas.

O historiador Heródoto deixou relatos sobre as técnicas de mumificação utilizada pelos egípcios e que nos mostra como o processo era demorado, como ocorria a transmissão dessa tradição e como os responsáveis pela arte de embalsamar eram respeitados tendo uma posição privilegiada na sociedade.

O trabalho lento começava com a escolha da família pelo tipo de embalsamamento que mais se adequava ao seu poder aquisitivo. Após a escolha pela família e entrega do corpo, os responsáveis começavam o trabalho extraindo o cérebro e com uma pedra etíope cortante abriam o abdome e retiravam os intestinos do morto inserido neles drogas, mirra, incenso e uma grande variedade de aromas e especiarias que cada embalsamador sabia e que visava preservar os corpos. Após untar os corpos com uma espécie de betume, estes eram envolvidos por faixas podendo ser de finíssimo linho dependendo da posição social e financeira do morto. O ritual envolvia um sacerdote que lia diversas passagens dos livros dos mortos durante o trabalho. Para famílias não tão abastadas, havia outros métodos menos dispendiosos como preencher os órgãos internos sem extraí-los, com ingredientes que também visava conservar o corpo do morto.

As partes internas quando extraídas do corpo era colocada em "vasos" chamados de "canopos", que tinham as tampas com formato de figuras antropomórficas ou cabeças de animais como o chacal. Muitos desses vasos foram encontrados próximo aos sarcófagos. O tipo de especiarias utilizado influenciava a resistência e durabilidade do corpo mumificado, razão pela qual algumas múmias praticamente se transformavam em pó ao serem tocadas, enquanto outras foram encontradas em excelente estado de conservação permitindo o manuseio cuidadoso por especialistas.

---

[6] É uma coluna tumular, marco ou placa de pedra com inscrição funerária. (Larousse 1998: 2255)

A imagem abaixo mostra um sarcófago egípcio em granito preto repleto de inscrições em hieróglifos. Arqueólogos já encontraram sarcófagos pesando até 30 toneladas, com apenas a tampa pesando mais de 10 toneladas. Em muitos deles dentro havia ainda um esquife de madeira onde repousava a múmia. O sarcófago é uma urna de pedra. Em exposição no Museu Britânico em Londres.

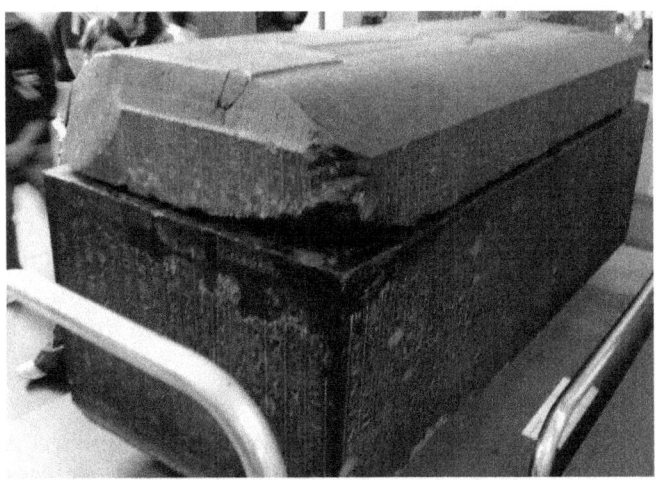

É comum encontrar dentro dos sarcófagos pinturas coloridas de deusas com braços abertos, inscrições do livro dos mortos e na parte externa hieróglifos e desenhos que representavam a pessoa executando suas funções reais ou cotidianas. Outro detalhe interessante encontrado nos túmulos no Egito foram as "estelas" ou lajes de pedra (rochas calcárias) encomendadas com textos que poderiam ser leis, decretos ou mesmo epitáfios e figuras esculpidas com os mais diversos fins, muitos dos quais idealizados em vida para o túmulo.

Apesar de tantos séculos de existência as pirâmides ainda estão envoltas em enigmas e mistérios não tão esclarecidos, que influenciam profundamente estudiosos, turistas e o imaginário coletivo popular através de lendas e mitos perpetuados em histórias e filmes. São monumentos funerários visitados por milhares de pessoas anualmente que ficam fascinados diante de sua grandiosidade. Verdades e mitos à parte sobre as pirâmides, diz-se que nenhum presidente ou primeiro-ministro de grandes potências em exercício, entraram dentro das câmaras mais profundas de uma pirâmide ou foram aconselhados a o fazerem pelos seus serviços secretos. Há algo mais que foge ao conhecimento comum e que permanece desconhecido ou restrito a pequenas comunidades científicas, o que aumenta ainda mais o mistério e o fascínio que as pirâmides e outros grandes monumentos funerários no Egito exercem sobre a humanidade.

- ## Pirâmides e sítios arqueológicos no Peru

Muitas pessoas ficam surpresas ao saber que as pirâmides existem em outros países além do Egito, como no México e no Peru. No Peru não é difícil encontrar as huacas ou templos em forma de pirâmides em sítios arqueológicos na chamada "Terra dos Incas". Para a construção de uma delas a Huaca del Sol, foram necessários aproximadamente 143 milhões de tijolos de adobe com uma altura de cerca de 45 metros, muitas delas construídas uns 700 anos antes da capital Chan Chan, apresentando internamente belos afrescos coloridos. Estão situadas a 500 quilômetros ao norte da cidade de Lima na região onde estão as ruínas da famosa capital do império Chimu, Chan Chan, foi fundada aproximadamente no ano 1300 e ocupava uma área de 25 quilômetros quadrados.

De especial interesse são os vasos com representações ou desenhos eróticos encontrados em determinados túmulos e que eram oferendas, denotando a natureza sexualmente ativa ou mesmo lasciva de alguns povos antigos. Alguns costumes funerários eram semelhantes aos egípcios quando se tratava da morte de governantes poderosos com suas concubinas, escravos, ouro, jóias e até mesmo alguns guerreiros e animais sendo sepultados ainda vivos com o seu senhor. (Rudhart 2004: 66-73)

Muitos desses achados podem ser vistos no Museo Nacional Tumbas Reales de Sipán, que tem o formato de uma huaca e está localizado perto da cidade de Chiclayo, local onde foi encontrada a primeira tumba de um governante de Sipán em 1987 estando repleta de jóias, armaduras, máscaras, entre outros objetos valiosos. Muitos dos que

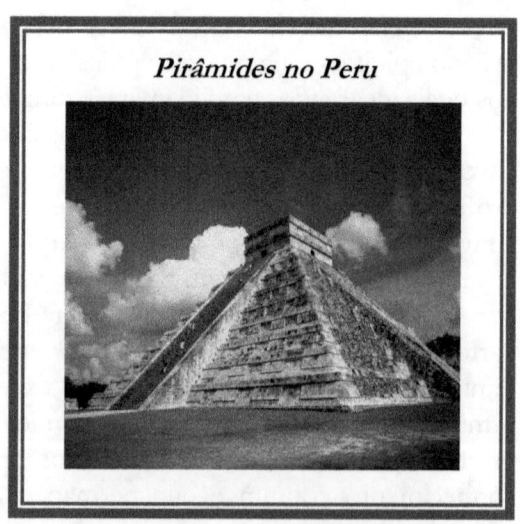

*Pirâmides no Peru*

visitam essas belas pirâmides também ficam sabendo do seu real significado e utilidade apenas no local.

A curiosidade ou o desejo de conhecer melhor outras culturas leva muitas pessoas a procurar lugares considerados exóticos para ver como determinado povo agia ou tratava os seus mortos. Muitos dos que visitam os famosos cemitérios franceses, italianos, ingleses ou americanos não tencionavam fazer isso, foram convidados, estimulados por amigos ou conhecidos ou ainda tentando entender o que leva muitos turistas a esses espaços. Trata-se de uma atividade incomum para a maioria das pessoas e que fica registrado para sempre nas suas recordações de viagens.

De um modo geral, sem o saber inúmeros turistas visitam panteões, museus, dentre outros locais como catedrais onde há corpos visíveis, sob lajes ou mesmo onde pessoas foram sepultadas tomando conhecimento apenas no próprio local, com uma visão religiosa como nas igrejas ou romântica como ocorre com o Taj Mahal. Ademais, a possibilidade de ver o túmulo de famosos ou de se conhecer de perto o rico acervo de obras de arte de algumas necrópoles são atrativos para inúmeros turistas que desejam conhecer lugares diferenciados, como ocorre com os milhões de turistas que anualmente visitam os cemitérios parisienses ou de Hollywood. O preconceito de muitos com essas visitas e atividade turística tem diminuído sensivelmente e até mesmo estimulado governos a investir nesse segmento, como tem ocorrido em cidades como Rio de Janeiro e São Paulo com projetos de valorização da arte tumular.

## Catacumbas – de necrópoles a espaços turísticos

As catacumbas são consideradas cemitérios subterrâneos, formadas por galerias subterrâneas e se tornaram conhecidas com os romanos, com registros datando entre os séculos I a IV sendo utilizadas mais intensamente no terceiro e quarto séculos. Como as necrópoles, as catacumbas eram escavadas nos arredores da cidade, daí o nome cujo significado pode ser entendido como "cavidades" e se referia originalmente a um cemitério que se encontrava na *Via Ápia*, próxima à antiga cidade de Roma. São galerias subterrâneas escavadas em rochas, algumas das quais ainda preservam visivelmente as marcas de escavação formando longos corredores, superpostos em andares e com nichos ou *loculis* em ambos os lados dos corredores. As galerias cavadas à direita e esquerda podiam se conectar umas com as outras aumentando continuamente de tamanho e complexidade.

Com uma utilização ampla nos séculos III e IV, especialmente por pessoas ilustres, ricos e mártires da época, esses lugares se tornaram centros de peregrinação, especialmente após a Igreja ser a responsável pela sua manutenção. Para muitos, ser sepultado ao lado ou próximo de alguém considerado "santo" ou "mártir" pela igreja era uma honraria e quase uma garantia de salvação da alma. As catacumbas que atraíam uma maior quantidade de visitantes eram as em que se encontravam os restos mortais dos supostos santos e mártires. Com a queda do Império Romano as catacumbas se tornaram perigosas ficando aos poucos desertas, sendo saqueadas pelos exércitos invasores e vendedores de relíquias consideradas sagradas. Para preservar os restos mortais dos considerados santos e mártires, o Papa Paulo I decretou que fossem levados para locais mais seguros e depois colocados em basílicas romanas.

São numerosas as catacumbas ainda existentes na Itália, ultrapassando o número de 40, principalmente nos arredores de Roma e das antigas províncias ligadas pelas vias consulares. Algumas dessas catacumbas chegam a medir vários quilômetros quadrados, permitindo que dimensionemos o tamanho das cidades ou necrópoles subterrâneas com os seus milhares de mortos sepultados em cada uma delas.

Em algumas catacumbas como a existente na *Via Ápia* ainda é possível fazer visitas guiadas por profissionais especializados em história abordando sua construção e estrutura. Há catacumbas que são muito profundas chegando a medir até 30 metros de profundidade e estarem dispostas em diferentes níveis, contendo milhares de nichos (*loculis*) sobrepostos, cuja única identificação são marcas feitas nas lajotas que fecham os nichos como moedas, conchas entre outras como desenhos que imitam pássaros, possibilitando que os seus familiares encontrassem os seus entes sepultados. Muitas das lajotas utilizadas para lacrar os nichos trazem informações históricas preciosas como quem governava a região naquela época, quem eram os principais magistrados, de onde a argila foi extraída, por quem e onde foi produzida, sendo de valor inestimável para datar as origens, poder aquisitivo e posição social de quem se encontrava no nicho.

Apesar dos saques e de muitas estarem em ruínas, é possível observar como os romanos utilizavam as catacumbas para o sepultamento de uma ou mais pessoas, como as criptas ou os túmulos familiares utilizados atualmente. Muitas inscrições ainda podem ser lidas assim como é possível identificar perfeitamente algumas das representações artísticas que procuravam identificar a quem pertencia o *loculi*. Normalmente o sepultamento sempre ocorria fora dos limites da cidade, uma preocupação romana em não enterrar os mortos onde viviam os vivos, diferentemente de países como a França onde os mortos eram sepultados dentro ou no entorno das igrejas.

As catacumbas foram utilizadas intensamente durante o período de perseguição movida contra os cristãos pelos imperadores romanos que os atiravam aos animais no Coliseu. Muitos deles se escondiam nos labirintos que as catacumbas formavam para preservar a vida, se reunir secretamente ou ainda realizar seus cultos, tornando difícil de serem encontrados. Durante a Segunda Guerra Mundial as catacumbas também serviram de abrigo para soldados devido à dificuldade de serem vistas ou localizadas pelas tropas inimigas.

Muitas catacumbas ainda podem ser encontradas em lugares como Nápoles, Malta, em Siracusa na Sicília, em Cagliari na Sardenha e em Susse. As mais conhecidas são as de São Sebastião, São Calixto, Santa Agnes e Domitila. As catacumbas foram descobertas no século XVI após alguns estudiosos seguirem os roteiros de antigos túmulos começando a ser exploradas a partir do século XIX. Atualmente várias estão abertas à visitação turística, recebendo turistas de diversas partes do mundo.

## As catacumbas de Paris

No século XVIII era comum os sepultamentos ocorrerem dentro e nos arredores das igrejas que muito lucravam com essa atividade. Com o aumento da quantidade de mortos devido às péssimas condições de higiene da época, aumentaram a quantidade de doenças e pestes que assolavam muitos lugares, principalmente as cidades maiores. Em cidades como Paris, alguns cemitérios exalavam odores pútridos por toda a cidade, como ocorreu com o Cemitério de *Saints-Innocents* em Paris (Cemitério dos Inocentes).

Já com o elevado número de corpos vítimas de pragas como a Peste Negra que em 1348 dizimou milhares de pessoas apenas na cidade de Paris, e ainda com outros milhares de corpos do massacre do dia de São Bartolomeu em 1572, o solo começou a ficar elevado com a quantidade de corpos sepultados, apesar de serem cavadas valas coletivas cada vez mais profundas para acomodá-los. Devido aos riscos à saúde pública e apesar da forte oposição da Igreja, os enterros em

Paris foram finalmente proibidos após uma vala repleta de corpos arrebentar e despejá-los nos porões de casas vizinhas ao cemitério. Iniciou-se então a construção de galerias para acomodar os milhares de restos mortais com o transporte dos ossos dos cemitérios para essas catacumbas sendo feita à noite e levando meses a fio.

As conhecidas catacumbas de Paris, são na verdade galerias construídas para receber principalmente os ossos do Cemitério *Saints-Innocents*, ocupando mais de 11 mil metros quadrados transformando-se em uma nova cidade subterrânea sob a cidade de Paris. As primeiras visitas começaram em 1787 pelas damas da corte real com um fluxo de visitantes aumentando nos anos seguintes. Dada a dimensão da estrutura de túneis, uma visita que se tornou tristemente célebre foi a de um homem identificado como Philibert Aspairt, que em 1793 aventurou-se solitariamente pelos labirintos perdendo-se e tendo os seus restos mortais sido encontrados 11 anos mais tarde.

Uma visita guiada às catacumbas parisienses permite ao turista ver as inúmeras galerias sustentadas por arcos evitando que o solo da cidade afunde, assim como as formas geométricas com que os ossos foram arrumados, tanto em fileiras como em forma de cruz. É possível ler nas lápides poemas, reflexões sobre a vida e a morte assim como passagens bíblicas. A grande maioria dos milhões de turistas que visitam anualmente a cidade de Paris, sequer imagina que sob os seus pés existe um fascinante mundo subterrâneo repleto de história e de restos mortais que ainda está aberto à visitação pública.

# 4

# NECRÓPOLES: VERDADEIROS MUSEUS A CÉU ABERTO

Normalmente este é o último endereço fixo da maioria dos seres humanos, as necrópoles ou no linguajar popular os cemitérios. São espaços cujo valor histórico, religioso e cultural resume toda história da localidade que está inserido e das pessoas que lá se encontram. Dos anônimos que jamais serão percebidos aos que se destacaram sobremaneira na sociedade o destino é comum a todos, diferenciando-se em algumas locais pelas esculturas e monumentos que visam exaltar alguém ou não permitir que caia no esquecimento. Tais manifestações através da arte parece não ter a intenção reduzir a perda pela morte ou tornar uma breve existência glamourosa, mas de perpetuar a vida através do registro de passagem por esta terra a exemplo dos gregos e romanos.

A cada ano surgem novas descobertas de sítios arqueológicos, civilizações tidas como perdidas, cemitérios onde se encontram enterrados de vasos indígenas a urnas com diversos formatos muitas vezes nos lugares mais inesperados e com práticas muito peculiares a cada povo, como o sepultamento em posição fetal. Devido a quantidade de pessoas que já viveu sobre a terra, diferenças culturais e tempo de existência da raça humana não seria de se estranhar esses achados ocasionais que vez por outra vemos na mídia serem expostos em museus. Razão pela qual não deveria nos causar tanto estranhamento a visitação em necrópoles, especialmente no Brasil.

Embora seja o desejo de muitos administradores modernos de necrópoles, nem todos os visitantes são necessariamente bem-vindos como ocorre no cemitério Père Lachaise em Paris, com o túmulo do roqueiro da antiga banda "The Door's" Jim Morrison. Segundo os administradores do cemitério os admiradores que chegam de várias partes do mundo para ver seu túmulo costumam embriagar-se, se drogarem, atirar objetos na sepultura; e devido ao pouco espaço entre as lápides pisam, picham e danificam não apenas o túmulo do roqueiro como os demais ao redor (Varella 2004: 64). Outros beijam a escultura sobre o túmulo do escritor Oscar Wilde deixando marcas de batom, que danificam e deterioram a pedra ao ser limpa. Trata-se de casos pouco comuns, pois o que se percebe é que furtos e danos aos túmulos em necrópoles costumam diminuir com uma visitação intensiva e aumento do cuidado do patrimônio pelos administradores.

Seria interessante descrever curiosidades e citar as muitas necrópoles cuja visitação turística é possível, não sendo este o intuito deste material, porém muitas já são conhecidas por receberem visitantes, estudantes e historiadores. Também por possuírem alguma infra-estrutura, mesmo que incipiente para receber os turistas e outros interessados com serviços como o de guias de turismo e chegando até mesmo a constar em guias turísticos locais, como o Cemitério do Araçá e da Consolação em alguns guias paulistanos.

O Cemitério da Consolação foi inaugurado oficialmente no ano de 1858, sendo o mais antigo cemitério da cidade de São Paulo. Conhecido anteriormente como Cemitério Municipal veio substituir a antiga prática insalubre de sepultamento dentro das igrejas, até então uma prática comum e que resultou em protestos e debates acalorados até que fosse finalmente proibida. Como uma pequena cidade, o que realmente é, recebeu os corpos de inúmeras personalidades brasileiras de grande importância no contexto nacional e internacional. Embora não seja o mais antigo do país é um dos mais citados devido a grande quantidade de esculturas, criptas e túmulos decorados, além do valor histórico e cultural.

Muitos dos grandes nomes do país, de ídolos cultuados em vida pelas massas e de heróis que fizeram a história do Brasil encontram-se esquecidos por uma sociedade cuja memória é tão passageira quanto a vida na terra. Cemitérios como o da Consolação e do Araçá em São Paulo, o São João Batista no Rio de Janeiro, e mesmo em cidades menores como Poços de Caldas em Minas Gerais abrigam os restos mortais de homens e mulheres que influenciaram gerações, mudaram comportamentos e determinaram os rumos do país.

A riqueza do Cemitério da Consolação não se restringe apenas às personalidades ali sepultadas como também envolve o grande acervo de obras de arte existentes sobre muitos dos túmulos, em criptas e mausoléus de famílias tradicionais que fizeram a história da "terra do café". A partir do século XX muitas das famílias mais abastadas que valorizavam a arte e viajavam para a Europa tiveram contato com essa forma de perpetuar sua existência através de símbolos visíveis, transferindo para o leito de morte parte desse gosto pela arte. Muitos arquitetos e escultores vieram para o Brasil, dentre eles estão os escultores italianos que foram decisivos na construção dos túmulos de várias e ilustres personalidades na cidade, especialmente para o então Cemitério da Consolação que já assumia um perfil diferenciado dos demais com as obras que ornamentavam os túmulos. Como fonte de informação, muitos cemitérios contam uma história que está gravada em suas lápides e que não se modifica ou pode ser apagada com tanta facilidade.

Dentre os muitos expoentes que podem ser citados, estão personalidades conhecidas da sociedade brasileira, como:

**Adhemar de Barros (Adhemar Pereira de Barros)** – Empresário influente e ex-governador do Estado de São Paulo, era médico, foi um dos revolucionários de 1932, participando também do golpe de 1964. Tendo seus direitos políticos cassados em 1966, e segundo a Enciclopédia Larousse (1998: 665), ficou conhecido pelos seus eleitores como quem "Rouba, mas faz".

**Oswald de Andrade (José Oswald de Sousa Andrade)** – Foi Romancista, ensaísta, poeta, dramaturgo e jornalista. Um dos fundadores do movimento modernista, foi influenciado pelo cubismo e pelo futurismo quando viajou à França, unindo-se a outros expoentes do modernismo e **articulando** a Semana de Arte Moderna em 1922 com Mário de Andrade e Di Cavalcante.

**Mário de Andrade** – Escritor, foi um dos grandes expoentes do modernismo brasileiro na sua fase mais produtiva, especialmente após a publicação em 1922, do Prefácio da obra Paulicéia Desvairada.

**Moacir Piza** – Poeta, em cujo túmulo se encontra o primeiro nu feminino do cemitério, escultura de Francisco Leopoldo e Silva intitulada "Solitude" de 1922. Trata-se de uma nudez sugerida e não vívida que representa a incerteza em relação à morte.

**Prudente de Morais (Prudente José de Morais Barros)** – Primeiro presidente da República eleito pelo voto popular em 1894. Prudente de Morais conseguiu a posse definitiva da Ilha Trindade pelo Brasil diante da Inglaterra e pacificou o Rio Grande do Sul na Revolução Federalista.

**Tarsila do Amaral** – Pintora e desenhista modernista, estudou no Brasil, Espanha e França. Participou ativamente da Semana de Arte Moderna de 1922 e ficou conhecida pelas suas obras com forte influência cubista, dentre elas a série "antropofagia" e o "abaporu" dentre outras. Sua importância no primeiro modernismo ou nas artes no Brasil é indiscutível, sendo uma referência na nossa história.

**Luigi Chiafarelli – Maestro**
Sobre sua sepultura se encontra a dramática e comovente escultura do italiano Nicola Rollo, chamada de "Euterpe".

**Ramos de Azevedo (Francisco de Paula Ramos de Azevedo)** – Um dos maiores nomes da arquitetura brasileira, era engenheiro e arquiteto formado em Gand na Bélgica, professor e vice-diretor da Escola Politécnica de São Paulo foi um dos mais produtivos profissionais da arquitetura no Brasil. Seus inúmeros projetos e obras incluem o teatro Municipal de São Paulo, o Correio Geral, a Escola Politécnica, a Pinacoteca do Estado de São Paulo dentre outras obras em outras cidades.

**Marquesa de Santos (Domitila de Castro Canto e Melo)** – Conhecida como a Marquesa de Santos, e que manteve um relacionamento amoroso com o Imperador D. Pedro I. Têm sido comuns os agradecimentos e vasos de flores deixados sobre o seu túmulo como agradecimento por graça recebida.

**Monteiro Lobato (José Bento Monteiro Lobato)** – Escritor de grande importância para o Brasil especialmente na literatura infantil, foi o fundador da Companhia Editora Nacional, Monteiro Lobato também foi adido comercial em Nova York (EUA). Esteve preso no governo de Getúlio Vargas e foi também um grande escritor, tradutor e adaptador de clássicos para crianças.

**Campos Sales (Manuel Ferraz de Campos Sales)** – Com uma longa participação na política brasileira ocupando diversos cargos e chegando à Presidência da República. Entre seus atos de grande importância para o país, está a viagem antes da posse para que banqueiros internacionais ajudassem na política econômica brasileira e resolvendo em definitivo a situação do Amapá com o governo da França. Em seu túmulo está escrito "Não suspendeu uma só garantia, nem violou nenhuma liberdade".

**Armando Salles de Oliveira** – Fundador da Universidade de São Paulo. Sobre o seu túmulo está a escultura de Bruno Giorgi "Oração".

**Washington Luís (Washington Luís Pereira de Sousa)** – Presidente da República em 1926 foi deposto em 1930 por uma junta militar após uma profunda crise econômica. Desenvolveu várias atividades na política sendo um dos grandes responsáveis pela modernização da cidade de São Paulo, desenvolvendo o sistema de infra-estrutura e reestruturando museus e arquivos públicos. Foi também membro da Academia Paulista de Letras.

**Olívia Guedes Penteado** – De uma tradicional família paulistana que patrocinou muitos artistas modernistas em São Paulo. Sobre o seu túmulo está a famosa obra de Victor Brecheret, que foi premiada em 1923 no Salão de Outono de Paris, chamada o "Sepultamento", representando o lamento das "Marias" que choravam a morte de Jesus Cristo, ou ainda uma Pietá sendo observada pelas três marias.

**Líbero Badaró (Giovanni Baptista Líbero Badaró)** – Médico italiano, político e jornalista. Um dos defensores da construção de cemitérios e contra os sepultamentos dentro das igrejas. Participou de eventos ligados a Independência do Brasil e chegou a precipitar a abdicação de D. Pedro I. Assassinado pelos seus inimigos numa passeata, é dele a frase "Morre um liberal mas não morre a liberdade".

## Túmulos e Mausoléus famosos

Conta a história que em Halicarnasso, a sudoeste da Ásia Menor situava-se uma das sete maravilhas do mundo antigo, o Mausoléu de Halicarnasso. A rainha Artemísia, esposa do Rei Mausolo de Cária que morreu em 353 A.E.C. desejou que a fama e glória do seu marido continuassem vivas fazendo construir em sua homenagem um esplêndido e gigantesco sepulcro em sua memória. O túmulo tinha cerca de 40 metros de altura, tendo uma base retangular sustentada por 36 pilares. Sobre uma colunata, havia uma pirâmide tendo sobre ela um carro com a estátua do Rei Mausolo. Infelizmente, essa esplêndida estrutura foi destruída por um terremoto, já praticamente inexistindo no século XV. Atualmente, há mausoléus no mundo inteiro, dos mais simples a alguns extremamente luxuosos, a exemplo dos citados abaixo.

As imagens abaixo mostram como era o magnífico Mausoléu de Halicarnasso e o gigantismo da estrutura, pela altura das duas esculturas com mais de dois metros e que ficavam na base das colunas do edifício. Em exposição no Museu Britânico em Londres.

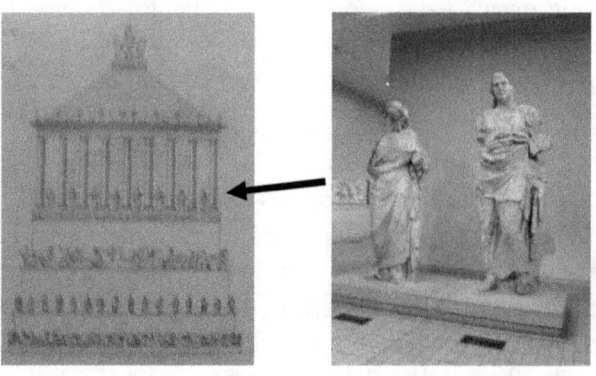

Dentre os mausoléus mais famosos do mundo, está o existente na Praça Vermelha em Moscou na Rússia com o corpo do líder comunista Vladimir Lênin. A impressão causada é de que ele está apenas dormindo, o que exigiu o trabalho de cinco meses dos embalsamadores para que o corpo fosse exposto, embora apenas a cabeça e as mãos estejam visíveis. Periodicamente o corpo é embalsamado e conservado em líquidos especiais para que continue preservado.

São muitos os mausoléus existentes em grandes necrópoles como a da Consolação e do Araçá, de famílias paulistanas ou que participaram em algum momento da história do Brasil. A grandiosidade de alguns e a imponência de outros é arrebatadora. Muitas das obras que os ornamentam foram adquiridas em exposições fora do país, algumas das quais vencedoras de salões de arte na Europa e trazidas para os túmulos e mausoléus. São condes, condessas, barões, brigadeiros, desembargadores, políticos dentre inúmeros outros igualados pela morte, restando apenas a distinção externa dos feitos e posses em vida.

Muitos dos túmulos e mausoléus são ricamente decorados possuindo esculturas em mármore carrara, granito e bronze. A beleza das esculturas é impressionante muitas das quais com expressões faciais vívidas e comoventes. Entre os que atraem a atenção dos visitantes estão o da Família Sinischalchi - mausoléu em estilo gótico com uma fascinante riqueza de detalhes e pequenas esculturas de santos ao lado e sobre a porta de entrada. E o que pertence à Família Botti – que tem sobre o seu jazigo um anjo de bronze de Victor Brecheret datado de 1938.

Um dos mais famosos é o mausoléu da Família Matarazzo, sendo o mais alto da América do Sul e segundo alguns o mais imponente e ricamente trabalhado. Foi construído por Luiz Brizzolara em 1925 com o destaque para uma reprodução da Pietá. Há também o da Família Jafet, um imponente mausoléu ricamente decorado com belíssimas esculturas de M. Garibaldi, de 1932. Obras de Leopoldo e Silva, L. Brizzolara, N. Rollo e Liz Isola são vistas próximas umas das outras. Como uma cidade repleta de edifícios imponentes o mausoléu da família do Comendador Sabbado D'Angelo fica próximo ao túmulo do Presidente Carlos de Campos; o da família João Rosa está logo atrás do túmulo de Moacyr Piza, que fica próximo ao jazigo da família Trevisioli, tornando fácil a sua localização.

O Cemitério do Araçá no bairro de Pinheiros é outra necrópole com um grande número de esculturas, mausoléus e monumentos de grandes nomes do meio artístico. Semelhante ao da Consolação as obras expostas decoram túmulos de grandes nomes de pessoas ilustres como o jornalista Assis Chateaubriand, o pintor Antônio Rocco, a atriz Cacilda Becker, e o técnico da seleção brasileira de futebol Vicente I. Feola. O Cemitério da Quarta Parada na Zona Leste da cidade de São Paulo foi fundado em 06 de janeiro de 1893 possuindo cerca de 183 mil metros quadrados, nos quais é possível encontrar outro rico acervo de esculturas e obras de escultores como Armando Zago, Alfredo Oliani, Raphael Galvez, Vicente Larocca dentre outros.

As fotografias abaixo são de esculturas localizadas no Cemitério da Quarta Parada. Na primeira, Vicente Larocca deixou a obra "Caminho do Calvário" esculpida na década de 40. Na segunda, Laurindo Galante esculpiu uma réplica do "Pensador" de Rodin em 1943.

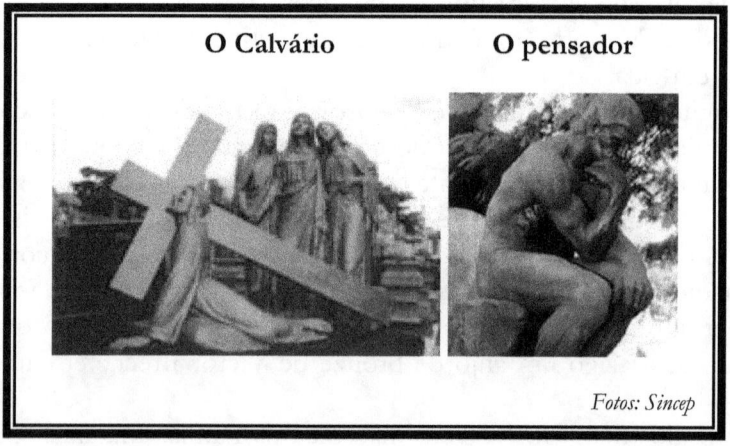

O Calvário      O pensador

*Fotos: Sincep*

Muitas outras necrópoles merecem ser citadas em cidades como Rio de Janeiro, Recife dentre outras com grandes quantidades de obras de arte compostas de esculturas em mármore, granito e em bronze. Porém, não é somente o passado que enriquece, histórias interessantes como a construção moderna de um mausoléu merece ser citada. Na cidade de Livramento do Brumado, no Estado da Bahia, um fazendeiro construiu um mausoléu com aproximadamente 30 metros de altura e cinco andares. Cada andar tem um significado, como por exemplo, recordações de viagens, documentos históricos e lembranças familiares.

Em outro andar, está a história da cidade e cerca de cem mil moedas desde o Brasil colônia aos dias atuais, cobrindo paredes e teto. Parte do revestimento das paredes foi feito com 25 toneladas de "cristal de rocha" que é uma pedra semipreciosa. O imponente túmulo foi construído para que o fazendeiro ainda em vida não fosse esquecido quando morto, tornando-se uma atração turística em toda a região. Embora a história seja recente, a origem remonta aos romanos que construíam seus túmulos junto às estradas para não serem esquecidos, ou os gregos que construíam impressionantes mausoléus para permanecerem na história. Muito embora os séculos tenham passado, o desejo do homem de não ser esquecido mesmo após a morte permanece cada vez mais forte com nomes em escolas, ruas e praças. Nesses casos diferentemente das necrópoles, obviamente sem o corpo.

## O Projeto de Arte Tumular em São Paulo: a valorização da arte em necrópoles

Embora haja algumas iniciativas em diversas cidades do Brasil, a riqueza artística existente nas necrópoles de cidades como São Paulo e Rio de Janeiro é muito grande, e em vista das oportunidades vislumbradas dentro do turismo como ocorre em numerosos países em todo o mundo, e das pesquisas realizadas pelo historiador Délio Freire dos Santos (morto em 2002), foi idealizado um projeto batizado de "Arte tumular" pelo Serviço Funerário Municipal de São Paulo. Um dos pontos importantes do projeto foi a exposição Arte Tumular que ocorreu em vários locais públicos e privados alcançando principalmente profissionais formadores de opinião e lugares onde havia um grande fluxo de pessoas e tornando o termo mais conhecido, reduzindo o receio pela atividade e a estimulando realização de cursos sobre a história da Arte e de Arte Tumular.

Foi idealizado um manual para que os visitantes também pudessem identificar obras de valor artístico, observando corretamente os critérios que devem ser adotados na avaliação como o lirismo e a assinatura na obra, se esta foi produzida em série e quais as fontes de informações existentes sobre o autor. As visitas a várias dessas necrópoles são abertas ao público em geral e podem ser conduzidas por monitores capacitados, a exemplo de outras necrópoles em muitos países que possuem "guias de turismo" nos cemitérios. Em cidades como São Paulo existem agências de turismo que possuem roteiros especializados na visitação de necrópoles, conduzindo regularmente os visitantes ou em datas específicas.

## Cemitérios e Arte no Rio de Janeiro

Como citado anteriormente, a cidade do Rio de Janeiro não é diferente de São Paulo quando se trata do valor artístico das esculturas e mausoléus das suas necrópoles, especialmente o São João Batista (de 1852) e o São Francisco Xavier (de 1840) anteriormente conhecido como Cemitério do Cajú, portanto mais antigos que os de São Paulo. Em 1851 uma epidemia de cólera assolou a cidade do Rio de Janeiro levando o Imperador D. Pedro II a ordenar a construção de três cemitérios públicos. Já em 1850, quando ocorreu a primeira epidemia de febre amarela na cidade o governo havia proibido o sepultamento dentro das igrejas mostrando a necessidade de cemitérios ou "campos santos" na cidade. Segundo consta o primeiro sepultamento ocorreu em 1852 sendo de uma filha de escravos.

Anteriormente, os cemitérios existentes na cidade acolhiam os que não tinham boas condições financeiras, ou seja, a grande maioria da população inclusive os pobres e escravos. Inicialmente os mais abastados possuíam catacumbas em locais como conventos ou eram sepultados sob o piso das igrejas, com as novas normas tiveram que ser sepultados nos cemitérios municipais como os demais. Algumas necrópoles eram destinadas a públicos específicos como o da Santa Casa destinado aos que morriam no próprio hospital, escravos dentre outros.

Outras necrópoles existentes eram a dos Pretos Novos, a de Santo Antônio e a dos Mulatos algumas delas pouco cuidadas ou encontrando-se em estado precário. Em alguns locais como as covas eram rasas ou descuidadas os corpos de escravos e pessoas desconhecidas chegavam a ficar insepultos durante fortes chuvas. Outro problema ocorrido com Cemitério de Dom Pedro II, onde estava sepultado os restos mortais do poeta Álvares de Azevedo, era a invasão pelas águas do mar, fazendo com que os seus restos mortais fossem levados para o Cemitério São João Batista.

Com o fim da distinção entre necrópoles e o sepultamento das pessoas mais ricas sendo realizados nos cemitérios comuns, muitos passaram a diferenciar-se dos demais ao construírem os seus jazigos, túmulos e mausoléus. A riqueza de muitas famílias foi assim exteriorizada na morte mediante obras como esculturas, túmulos ricamente trabalhados e o sepultamento de pessoas ilustres e importantes com alguma forma de distinção das demais. Com o passar dos anos a quantidade de obras aumentou consideravelmente resultando em um rico acervo de grande valor artístico sobre túmulos e em mausoléus retratando a história e opulência da cidade que já foi a capital do Brasil, acomodou a família real, e é o cartão postal do país no mundo inteiro. É possível imaginar quanta história está registrada nas lápides das necrópoles da cidade apesar do desconhecimento generalizado e desinteresse público. Situação que está mudando com o aumento da visitação turística e criação de cursos específicos para atender essa demanda.

Dentre as muitas personalidades de importância histórica, social e cultural sepultadas nas necrópoles cariocas estão:

**Santos Dumont (Alberto Santos Dumont)** – Aeronauta e inventor, é o Patrono da Aeronáutica e da Força Aérea Brasileira, foi o inventor do avião e o primeiro a voar diante de uma comissão do Aeroclube da França. Há quem diga que o seu suicídio em 1932, ocorreu devido ao fato de sua invenção, o avião, ter sido usado belicamente.

**Vicente Celestino (Antônio Felipe Vicente Celestino)** – Foi cantor, compositor e ator, casado com Gilda de Abreu, participou de filmes dirigidos por ela, foi também tenor, intérprete e autor de grandes sucessos da música brasileira.

**Tom Jobim (Antônio Carlos Brasileiro de Almeida Jobim)** – Um dos maiores compositores brasileiros de todos os tempos, foi o autor de grandes sucessos e canções célebres da década de 60. Premiado internacionalmente, Doutor *honoris causa* no Brasil e Portugal, recebeu um *Grammy* postumamente. Um dos maiores nomes da música brasileira e mundial.

**Carmem Miranda (Maria do Carmo Miranda da Cunha)** – De origem portuguesa e humilde, foi atriz e cantora começando a fazer sucesso no Brasil, viajando para os Estados Unidos onde fez grande sucesso na televisão, revistas e cinema. Nos seus shows utilizava chapéus e turbantes estilizados de frutas tropicais e tamancos, se tornando um símbolo da música brasileira no exterior.

**Roberto Pisani Marinho** – Jornalista e empresário amplamente conhecido, foi o criador da fase moderna das organizações Globo, que inclui desde jornais a canais de televisão. É sua também a fundação Roberto Marinho.

**Chacrinha (José Abelardo Barbosa de Medeiros)** – Um dos maiores animadores da televisão brasileira, ficou conhecido pelas suas frases e modelo de programa que é copiado até o momento. Era sua criação a discoteca do Chacrinha onde dançarinas (chacretes), artistas, calouros, e o seu troféu abacaxi animavam as tardes de domingo.

Outros motivos justificam a visita a uma necrópole, como conhecer mausoléus famosos como o da Academia Brasileira de Letras (ABL), um dos maiores possuindo internamente uma sala de estar e um mirante. Outro detalhe interessante é o Jazigo do pai da Aviação Alberto Santos Dumont que está situado na alameda principal, quase em frente ao túmulo erigido em homenagem às vítimas de acidentes aéreos. São detalhes que nem sempre são percebidos pelos turistas e visitantes.

Os estilos presentes nos túmulos e mausoléus passam pelo barroco, gótico, neogótico, clássico dentre outros mais modernos. Em alguns túmulos há aspectos interessantes como uma réplica do que seria uma representação teatral sobre o jazigo do ator Cláudio de Souza; e de uma família de comerciantes que tem como entrada do mausoléu uma porta de elevador. Não se trata apenas dos aspectos arquitetônicos, mas de toda a história que envolve cada obra, cada jazigo, cada vida e as motivações que levaram a família a produzir um local de descanso eterno diferenciado dos demais.

## Cemitério de Santo Amaro e dos Ingleses em Recife (PE)

O Cemitério Bom Jesus da Redenção de Santo Amaro das Salinas, mais conhecido como Cemitério de Santo Amaro foi inaugurado em 29 de janeiro de 1851. Foi criado para receber os sepultamentos que seguiam a mesma lógica das outras regiões com os corpos sendo enterrados dentro ou no entorno das igrejas. É considerado uma das mais antigas necrópoles das regiões Norte e Nordeste do Brasil.

Como os demais, possui numerosos túmulos, jazigos e criptas de pessoas famosas assim como uma grande quantidade de obras antigas de grandes artistas brasileiros. Muitas das esculturas que se encontram no cemitério vieram de Portugal ou da França. Já o Cemitério dos Ingleses é bem menor em tamanho e data de 20 de novembro de 1813. Há um aspecto interessante nesse cemitério que se refere a histórias acerca da recusa da igreja católica em não sepultar quem não fosse católico, assim como bandidos, suicidas dentre outros. Dessa forma muitos dos se encontravam nessas circunstâncias e estrangeiros eram sepultados nesse outro cemitério.

Numerosas outras necrópoles podem ser encontradas em diversas cidades brasileiras cada qual com suas características peculiares, com numerosas esculturas e outras manifestações da arte de grande importância histórica para o país, não sendo citadas nesse livro. As breves notas citadas acima procuram apenas suscitar o interesse do leitor quanto às demais existentes e que em menor ou maior grau tem um valor incontestável, servindo também de ponto de partida para estudos e pesquisas para curiosos e estudiosos.

## Principais escultores, construtores e artistas que trabalharam a arte em necrópoles

É possível listar numerosos artistas, construtores e escultores na sua maioria com descendência italiana que deixaram obras de uma beleza rara, a exemplo das mais diversas necrópoles no mundo. Vários outros são brasileiros que após um longo aprendizado, difundiram as técnicas e os métodos de seus mestres, o que é possível perceber em algumas esculturas e construções pelas suas características artísticas e peculiaridades de cada uma. Conhecer suas origens ou identidade nos remete ao estilo adotado pelo artista e influências que este teve no aprendizado e resultado do seu trabalho.

As principais obras estão localizadas em necrópoles das duas cidades que são mais significativas no turismo atualmente, São Paulo e Rio de Janeiro, muito embora outras possam ser encontradas pelo país inteiro. Muitas dessas obras de arte que se encontram nas necrópoles, foram vencedoras de prêmios e concursos na Europa sendo trazidas pelas famílias mais abastadas para decorar os túmulos de familiares proeminentes. Dentre os muitos artistas, construtores e escultores que nos legaram obras de rara beleza, encontramos:

**A**madeo Zani: Natural de Rovigo na Itália em 1869, veio para o Brasil em 1887 fixando residência na cidade de São Paulo e vindo a falecer em Niterói no ano de 1944. Teve uma participação importante para São Paulo, pois contribuiu com numerosas obras como a construção do Museu Paulista (Museu do Ipiranga) junto com o conhecido arquiteto Gaudenzio Bezzi. Foi também um dos participantes da fundação da Academia de Belas Artes de São Paulo. Uma de suas obras se encontra no Pátio do Colégio, de nome "Fundação de São Paulo" e outras no Vale do Anhangabaú chamada como "Verdi" e na Praça Fernando Prestes de nome "Alfredo Maia".

Seu aprendizado se deu com Rodolfo Bernardelli, que também veio para o Brasil, atuando nas Academias de Rafael Sanzio em Roma e Filippo Colarossi em Paris se tornando um proeminente escultor. Em São Paulo foi professor, tido como um grande mestre no Liceu de Artes e Ofícios onde teve alunos que se tornaram grandes escultores citados a seguir. Possui várias obras em túmulos tendo destaque especial o túmulo do Conde Alexandre Siciliano, pela capela construída em estilo assírio-babilônico e que se encontra figurativamente sob a eterna vigilância de leões assírios.

**A**lfredo Oliani: Natural de São Paulo onde nasceu em 1906 e vindo a falecer em 1988, Alfredo Oliani estudou com mestres como Amadeo Zani no Liceu de Artes e Ofícios e com Nicola Rollo. Foi também um dos membros da Escola de Belas-Artes de São Paulo. Semelhante a outros escultores estudou com Giuseppe Grazziosi na Itália e ainda em Florença freqüentou a Academia de

Belas-Artes. Em São Paulo recebeu medalhas de ouro pelos seus trabalhos que se manifestavam na forma de exposição do nu feminino. Possui belíssimos trabalhos em cemitérios como o da Consolação e o São Paulo.

**B**runo Giorgi: Aluno de Aristide Maillol freqüentou as famosas academias Grand-Chaumiére e Raçon em Paris, estudando também com Loss em Roma. Obteve grande fama com as suas esculturas sendo também desenhista e pintor. As suas obras são consideradas naturalistas e abstracionistas, se utilizando freqüentemente do mármore de Carrara e Rosa de Portugal. Nasceu em 1905 em Mococa e faleceu no Rio de Janeiro em 1993. O cemitério da Consolação possui um dos seus trabalhos batizado de "prece" e tido por alguns como único em seu estilo.

**C**elso Antônio de Menezes: Considerado por muitos admiradores um expressionista que monumentalizava suas obras tornando-se uma das referências na escultura Brasileira. Estudou com Falguiére em Paris e freqüentou ateliês de outros grandes escultores como Antoine Bourdelle e Rodolfo Bernardelli onde acabou por criar o seu próprio estilo. Uma de suas grandes obras se encontra no cemitério da Consolação no túmulo da Marquesa de Santos. Foi admirado por grandes artistas e profissionais das mais diversas áreas como da arquitetura. Celso Antônio de Menezes nasceu no Maranhão em 1896 e morreu no Rio de Janeiro em 1984.

**E**ugenio Prati: Nascido em Verona na Itália em 1889, este escultor que também era desenhista e pintor possui numerosas obras de arte espalhadas pelo Brasil e Itália onde venceu diversos concursos. Suas obras foram expostas em países como a Polônia e várias cidades italianas sempre voltadas para temas religiosos ou sacros. Eugenio Prati estudou na famosa Academia de Belas Artes de Verona e possui trabalhos esculpidos em diversas necrópoles brasileiras, especialmente no Cemitério São Paulo. Seu trabalho também pode ser visto nos túmulos dos soldados mortos na Revolução Constitucionalista de 1932. Morreu em São Paulo em 1979.

**E**lio de Giusto: Outro escultor que também utilizava motivos religiosos ao produzir muitas das suas esculturas como as de "Cristo" existentes no Cemitério da Consolação. Foi um escultor premiado no Salão Paulista de Belas-Artes com obras também em bronze no Museu Paulista e no Panteão dos Andradas na cidade de Santos em São Paulo. Nascido na Itália em 1899, veio a falecer ainda jovem na cidade de São Paulo em 1935.

**F**rancisco Leopoldo e Silva: Nascido em Taubaté em 1879, foi o autor do primeiro nu feminino no ano de 1922 e que se encontra na necrópole da Consolação chamada de "Solitudo". Estudou com o grande escultor italiano Arturo Dazzi em Roma sendo também um dos discípulos de Amadeo Zani. Adotou técnicas e estilos semelhantes a Rodin e estudou com Victor Brecheret quando se encontrava em Paris, produzia também obras voltadas para motivos religiosos e valorizava a figura humana. Assinava suas obras como Leopoldo e Silva. Faleceu em São Paulo em 1948.

**G**alileu Emendabili: De Ancona na Itália onde nasceu em 1898, foi um dos grandes nomes da escultura internacional. Muitas de suas obras são vistas todos os dias e sequer percebidas na sua grandeza, como o obelisco de 72 metros de altura no Parque do Ibirapuera, projeto vencedor do concurso para o Mausoléu do Soldado Constitucionalista. Atuou como arquiteto, escultor e mesmo como pintor. Outras obras de sua autoria são o Monumento a Ramos Azevedo e a Igreja Nossa Senhora da Paz, ambos em São Paulo. Seu mestre foi o conhecido Arturo Dazzi, embora tenha sido influenciado pelo escultor iugoslavo Ivan Mestrovic. Suas esculturas, "Pietás", no Cemitério da Consolação são consideradas comoventes. Faleceu em São Paulo em 1974.

**J**úlio Starace: Nascido em Nápoles na Itália em 1888, Júlio Starace freqüentou a academia de Belas Artes de sua cidade natal e de Roma. Foi arquiteto e escultor tendo obras também na Argentina, Estados Unidos, França, várias cidades na própria Itália e no Brasil. Consolidou-se com uma exposição individual em 1913 em São Paulo. Projetou também belas residências no Rio de Janeiro. Seus "bustos" dotados de uma característica rara que os tornam realistas podem ser encontrados em Nova York no Metropolitan House, além de túmulos nas necrópoles da Recoleta na cidade de Buenos Aires e da Consolação em São Paulo. Morreu em São Paulo em 1952.

**J**ean Marie Joseph Magrou: Escultor de naturalidade francesa, Jean Marie possui numerosas obras na cidade de Petrópolis no Rio de Janeiro, especialmente as de D. Pedro II, D. Teresa Cristina entre outras como de São Pedro esculpidas em mármore carrara para a Catedral da cidade. Outras esculturas de sua autoria estão nas Necrópoles São João Batista no Rio de Janeiro e da Consolação em São Paulo. Possui várias outras obras, com destaque para as estátuas jacentes, ou deitadas. Nasceu em Beziers na França em 1869, onde faleceu em 1936.

**L**uigi Brizzolara: Renomado escultor italiano que no Brasil deixou importantes esculturas em locais públicos e necrópoles. Suas obras também são vistas regularmente por muitos paulistanos em praças como a Ramos de Azevedo como a escultura em homenagem a Carlos Gomes, a Anhangüera no parque Tenente Siqueira Campos na Avenida Paulista e no Museu Paulista deixou Fernão Dias Paes e Antônio Raposo Tavares. Embora não vencesse, também concorreu com Nicola Rollo quando da construção do Monumento à Independência do Brasil, obtendo com ele a segunda colocação. Muitos dos seus trabalhos foram executados na Itália, onde nasceu em 1868 na cidade de Chiavari e morreu em 1937 em Gênova. Algumas de suas esculturas estavam associadas a pessoas famosas do mundo da música. Foi o responsável também pelo famoso Mausoléu da família Matarazzo, considerado o mais alto e imponente da América Latina.

**N**icolina Vaz de Assis: Escultora brasileira respeitada entre os grandes escultores do sexo masculino, Nicolina estudou com mestres como Falguiére e Rodolfo Bernardelli. Deixou obras no Rio de Janeiro e em São Paulo sendo autora da escultura que se encontra sobre o túmulo do General Couto Magalhães na Consolação e da fonte na Praça Júlio de Mesquita em São Paulo. Nasceu na cidade de Campinas em 1874 e veio a falecer na cidade do Rio de Janeiro em 1941.

**N**icola Rollo: De origem italiana, Nicola Rollo nasceu em 1889 na cidade de Bari. Mestre de vários escultores que estudaram com ele no Liceu de Artes e Ofícios de São Paulo, produziu várias obras para a necrópole da Consolação como Orfeu e Eurídice, incluindo também a famosa "Euterpe" que se encontra sobre o túmulo do maestro Luigi Chiafarelli. Entre suas obras estão algumas realizadas no Palácio das Indústrias na capital paulistana, onde morreu em 1970.

**J**osé Maria Oscar Rodolfo Bernardelli: Mestre de vários escultores no Brasil, Rodolfo Bernardelli deixou numerosas obras de arte em várias cidades, especialmente em Santos onde se encontra o famoso Monumento dos Andradas e em Campinas onde está localizado o Monumento a Carlos Gomes. Na necrópole da Consolação está o Mausoléu do ex-presidente Campos Salles de sua autoria. Na cidade do Rio de Janeiro onde morreu em 1931 ainda há diversas esculturas em espaços públicos como praças. Diferente do que muitos imaginam, Rodolfo Bernardelli não é italiano e sim natural do México, da cidade de Guadalajara onde nasceu em 1852.

**O**ttone Zorlini: Nascido na Itália em 1891, veio para o Brasil em 1929 executando várias obras em granito, mármore e bronze. Além de escultor foi também pintor. Dentre os seus principais trabalhos deixou o "Discóbolo", escultura em pedra de quatro metros no bairro da Aclimação em São Paulo, cidade que pintou muitas vezes. Foi autor de numerosos monumentos funerários na Itália e no Brasil. Morreu em São Paulo em 1967.

**R**oque de Mingo: Como a maioria dos escultores citados Roque de Mingo deixou expressivas obras dentro e fora de necrópoles sendo um dos alunos de Amadeo Zani. Premiado no Salão Paulista de Belas Artes com a medalha de ouro participou também da primeira exposição brasileira de Belas Artes. Suas principais esculturas estão em locais como a Faculdade de Direito da Universidade de São Paulo e nas Praça Fernando Prestes e Júlio de Mesquita. Nascido em São Paulo em 1890, cidade onde veio a falecer em 1972.

**V**ictor Brecheret (Vittorio Breheret): Nascido em Farnese na Itália em 1894 obteve a nacionalidade brasileira ao migrar para o Brasil, e foi um dos mais expressivos e produtivos escultores que já viveram no Brasil. Sua vasta produção inclui principalmente obras monumentais que se tornaram símbolos em muitos lugares como o Monumento às Bandeiras, um dos símbolos da cidade de São Paulo. Consagrado em numerosos eventos nacionais e internacionais, foi fortemente influenciado por Rodin, Bourdelle e Mestrovic. Sua formação incluía o Liceu de Artes e Ofícios de São Paulo onde estudou, indo posteriormente para a Itália estudar com Arturo Dazzi. Dentre as muitas obras que produziu está a estátua de Duque de Caxias com quase 16 metros de altura, o Fauno, e as admiradas esculturas Sepultamento e Grande Anjo. Há obras de sua autoria também nas necrópoles da Consolação, Araçá e São Paulo.

Das primeiras esculturas premiadas do início de sua carreira às criadas a partir de pedra e que evocavam temas naturalistas, Victor Brecheret mostrou sua maestria e inquestionável capacidade de dar formas e propósitos aos seus trabalhos. Morrendo em 1955 em São Paulo mostrou-se um escultor produtivo e incansável.

Outros grandes escultores, arquitetos e pintores também influenciaram a arte e produziram uma grande quantidade de trabalhos dentro e fora das necrópoles, como o italiano Materno Garibaldi cuja influência direta de Auguste Rodin pode ser percebida de forma vívida em suas obras e Enrico Bianchi que deixou vários trabalhos sacros e religiosos nos cemitérios da Consolação e do Araçá. Como o objetivo não é abordar todos os grandes nomes da escultura, estimula-se o leitor através das breves descrições acima a conhecer mais sobre a riqueza que estão sobre túmulos e em mausoléus cujos espaços são na maioria das vezes injustificadamente evitados.

É digno de nota que muitos dos escultores, arquitetos e por vezes pintores foram contemporâneos, tiveram em comum os mesmos mestres e professores, participando dos mesmos salões e concursos muitos dos quais foram premiados. A segunda metade do século XIX foi bastante prolífera no surgimento de grandes nomes da escultura que deixaram obras em muitas cidades e especialmente em necrópoles brasileiras. Razão pela qual deveriam ser visitadas tanto quanto as demais expostas nos museus belamente decorados e com ar-condicionado. Não deveria ser o espaço em que se encontram o diferenciador da motivação para a visitação.

# 5

# O "ESPAÇO" COMO FATOR DETERMINANTE DO INTERESSE PELA OBRA DE ARTE

Numerosos artistas, construtores e escultores que possuem obras em necrópoles de todo o mundo, também possuem na sua maioria obras de arte expostas em espaços públicos e privados, museus, centros culturais, ateliês, antiquários e mesmo em muitas residências de famílias mais abastadas, haja vista a possibilidade de se obter muitas das obras de arte legalmente e no mercado negro. São obras admiradas e reverenciadas pelas suas características e importância tornando-se alvos de estudos, visitas, comentários, críticas e louvores ressaltando o valor da obra e do artista dentro de cada contexto avaliado.

Contudo, muitas outras obras como as esculturas desses mesmos artistas jazem "escondidas" dentro de necrópoles sem a mesma reverência ou importância atribuída, como as demais em outros espaços. Trata-se de uma realidade curiosa, com o espaço onde obra de arte ou escultura está exposta interferindo no valor que a sociedade atribui a ela. A despeito dos direitos de uma família sobre uma obra de arte sobre um túmulo, esta também pode ser vista e admirada tanto quanto outra exposta numa praça ou dentro de um museu. Entretanto, as mesmas pessoas que se deslocam para conhecê-las dentro de espaços culturais, não se sentem à vontade na mesma proporção dentro das necrópoles.

O espaço passa a ser então um fator conclusivo na determinação de se visitar uma escultura, atribuindo-se o estigma fúnebre quando esta encontra-se em uma necrópole e do belo quando se encontra numa exposição de artes. Normalmente as esculturas costumam receber o mesmo tratamento que o espaço onde estão localizadas recebe, o que infelizmente coloca em desvantagem a obra de arte que se encontra numa necrópole. A mesma escultura receberá tratamentos diferentes dos passantes se estiver em uma praça suja e abandonada ou numa praça ajardinada e bem cuidada. Obviamente críticos e especialistas avaliarão a obra sob outros aspectos, porém é o público que observa diariamente que torna a obra mais ou menos visitada. Embora quando em locais privados o objetivo seja outro, muitas vezes preservar da visitação pública deixando-a exclusivamente para poucos.

As necrópoles não são consideradas lugares alegres ou que transmitam uma sensação de bem estar como ocorre com a grande maioria dos espaços destinados ao lazer e descanso, como ocorre com inúmeros museus e centros culturais mundo afora cujas salas com ar-condicionado tornam os lugares bem mais aconchegantes. A grande maioria das pessoas são motivadas a procurar uma necrópole no momento do sepultamento de algum conhecido, sendo fortemente afetadas pelas suas crenças religiosas que se forem arraigadas e avessas ao novo, podem tornar-se um entrave quando esse mesmo espaço for utilizado como opção cultural ou de lazer. Diferente dos aconchegantes museus, o ar lúgubre de muitas necrópoles evoca receio e medo impedindo o gozo e a fruição plena da visita.

Obviamente há milhares de pessoas que trabalham em necrópoles até mesmo durante a noite e que jamais viram algo de sobrenatural, ainda que considerando o ambiente como sombrio e triste este também não interfere no seu trabalho ou no seu conceito sobre a natureza da sua atividade. Não permitem que o medo sobrepuje a razão. Porém, essa não é a realidade da grande maioria das pessoas comuns, ou das grandes massas que ainda vêem esses espaços como locais a serem procurados unicamente no momento do enterro de algum conhecido ou familiar. A visita em necrópoles tem sido atualmente uma característica comum a pessoas de estratos sociais diferenciados e considerados mais esclarecidos, que costumam viajar para outros países tomando conhecimento de seus hábitos, cultura e participando dessa atividade no exterior. A ciência econômica mostra que quanto maior a renda e educação, menor o fervor religioso e maior a propensão à razão de uma pessoa.

Muitas vezes o espaço não é necessariamente fúnebre, mas com características que evoca o tema, como exemplo o Caderno de Turismo do Jornal Folha de S.Paulo de 03 de março de 2005, trouxe uma matéria onde abordava a vida na cidade de Praga na então Tchecoslováquia assim como seus espaços turísticos. Dentre eles, um muito visitado era o Museu Judeu com sua Sala de Cerimônias onde livros contam a história da formação da *Prague Burial Society*, ou Sociedade Funerária de Praga, com um estatuto que data de 1564 cujo objetivo era organizar os rituais fúnebres da época, mostrando também os instrumentos utilizados na higienização dos corpos antes do sepultamento, e numerosos quadros de artistas anônimos do século

XIX espalhados sobre as paredes da Sala de Cerimônias retratando rituais fúnebres. A reação observada das pessoas durante a visita era bem característica da sua região de origem, ou seja, quanto mais religioso o país, mais amedrontados e receosos os visitantes pareciam.

Numerosas necrópoles na Europa possuem uma exposição silenciosa de um vasto e rico acervo de esculturas como os Cemitérios Monumentais de Staglieno (em Genoa) e Verano (em Roma) ambos na Itália. Ou uma antiga necrópole em Praga que data da primeira metade do século XV, possuindo centenas de lápides em estilo barroco, gótico e renascentista, muitas delas com esculturas tão antigas quanto o próprio cemitério. Não se trata apenas de um ponto turístico que atraem visitantes e turistas que vêm à cidade de Praga. Necrópoles como as da região de *Vysehrad* são muito procuradas por casais de namorados que desejam lugares tranqüilos para conversar e namorar. Não é diferente para outros que procuram as necrópoles parisienses para descansar ou ler. A cultura desses povos não é necessariamente influenciada por temores ou receios infundados que possa desestimulá-los de visitarem espaços considerados fúnebres, e que são na verdade oásis de tranqüilidade e até mesmo espaços propícios ao lazer cultural e pessoal.

Museus no mundo inteiro poderiam ser chamados de verdadeiras necrópoles, dada a grande quantidade de esquifes, múmias e restos mortais expostos para visitação pública, principalmente as múmias encontradas nas escavações de sítios arqueológicos que estão em museus de diversos países. Os pertences ou objetos utilizados em gerações passadas também são disponibilizados para serem vistos nos mesmos museus ou em exposições esporádicas, tais como objetos de beleza, uso pessoal, armas, pinturas e jóias dentre muitos outros que resistiram ao tempo.

Geralmente pessoas das mais diversas nacionalidades, estudantes, pesquisadores e curiosos viajam grandes distâncias para conhecer e ver com os seus próprios olhos resquícios das gerações passadas, seu modo de vida, sua cultura e sentimento que os livros de história não conseguem transmitir. Museus de cidades como Nova York, Paris, Londres, Madrid e Cairo no Egito dentre outros guardam esquifes valiosos, muitos dos quais cobertos de ouro assim como múmias antiguíssimas. Os elegantes corredores desses museus, a climatização do ambiente para a preservação dos corpos, as cores utilizadas na pintura tornando-os amenos. A forma como as informações são transmitidas pelos guias e a aura que envolve o ambiente muitas vezes com uma música calma e adequada ao espaço, não transparece a realidade de que alguns setores de muitos museus mais se assemelham a pequenas necrópoles.

A mensagem percebida é diferente em uma necrópole e em um museu, pois há uma visão diferenciada da morte como fato crítico, tenebroso e inevitável e como história repleta de detalhes que mostra as contradições da vida quando é apresentada em ambientes distintos. O que é um agradável passeio em um museu pode tornar-se um desafio para os mais corajosos em uma necrópole. No museu não há o cheiro fétido da morte, o aspecto sombrio da dor e do sofrimento e muito menos um clima que favoreça uma sensação de mal-estar, apesar dos esforços de muitas necrópoles em tornar seu ambiente menos pesaroso, tornando-o o mais agradável possível aos visitantes.

De um modo geral o que existe em ambos os espaços, um museu e uma necrópole, não é muito diferente; são corpos (embalsamados ou não). A forma como um museu e uma necrópole é vista percebida pelo público são diferenciadas influenciando profundamente a percepção que o visitante tem dos dois espaços. Em 2001 ocorreu em São Paulo a exposição "A Arte Egípcia nos tempos dos Faraós"[7] com objetos do Museu do Louvre como arca, estátua funerária, a tumba do Rei Sennedjen dentre outras peças que ficaram abertas à visitação popular.

Uma pesquisa informal mostrou vários visitantes felizes e despreocupados na exposição e questionou sobre o que achavam de visitarem um cemitério onde pudessem encontrar os mesmos objetos expostos. A grande maioria afirmou que não teria coragem de ver tudo aquilo num cemitério principalmente se a pessoa estivesse só. Porém, estavam visitando os mesmos objetos dentro de um museu sem o menor temor, alguns dos quais estavam sós. Dentre os motivos estava o medo ou receio do sobrenatural, assim como o respeito aos mortos (diga-se medo dos mortos).

A cidade de São Paulo recebeu também a fascinante exposição "Corpos" que percorreu diferentes países no mundo, tornando-se inclusive cenário de um dos filmes de 007 (James Bond). A exposição trouxe para a cidade vários corpos dissecados e preservados para visitação, causando certa inquietação entre muitas das pessoas que afirmavam temer vê-los em outros locais como em necrópoles, sozinhos em uma sala ou mesmo em locais escuros. A visitação que

---

7 Realizada pela FAAP - Fundação Armando Álvares Penteado e que ocorreu de maio a julho de 2001.

atraiu milhares de visitantes certamente não teria o mesmo sucesso se estivesse em um cemitério. O espaço acolhedor da exposição minimizou o efeito de se ver os corpos humanos, causando uma impressão menos aterradora que a morte normalmente transparece.

Imagens da exposição "Corpos" realizada na Oca (Parque do Ibirapuera) em 2010

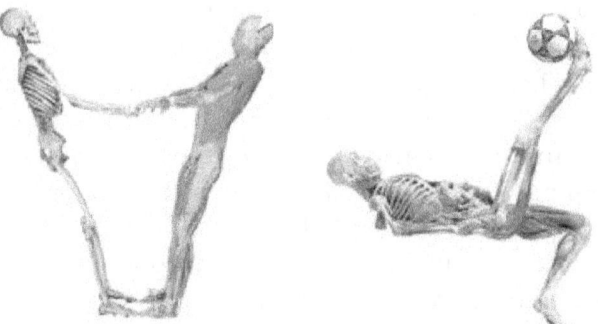

*Fonte: Divulgação*

As mesmas pessoas que normalmente estão dispostas a ver os corpos e obras expostas em locais seguros, limpos e climatizados não estão necessariamente dispostas a ver esses mesmos corpos, a mesma arca, tumba e apetrechos em uma necrópole. Portanto, a necrópole e o seu ambiente lúgubre e pouco amigável são fatores impeditivos na visita aos mesmos objetos, transformando o espaço num fator determinante na decisão de visitar, por exemplo, uma obra de arte. A sensação de segurança e conforto que os museus, centros culturais e espaços públicos propiciam é difícil de ser oferecida, se não impossível de ser encontrada nas necrópoles dada a natureza de cada espaço.

Um convite para apreciar duas obras de arte de Victor Brecheret, uma no Parque do Ibirapuera e a outra no Cemitério da Consolação pode até ser aceito por uma pessoa comum durante o dia. No entanto, será encarado com desconfiança ou como excentricidade durante à noite ou durante a madrugada em um cemitério; enquanto que encarado como um lazer noturno ou com interesse cultural no Parque do Ibirapuera em São Paulo. Assim, percebe-se que o local em que a obra é vista influencia o interesse e o fluxo de visitantes que esta recebe, muito embora não signifique necessariamente que o espaço interfira no valor artístico ou cultural da obra.

Como o acesso à cultura e às manifestações artísticas não são exclusividade apenas das classes mais abastadas, antigos paradigmas precisam cair por terra em sociedades ainda ligadas a traços culturais e religiosos resistentes aos novos padrões de comportamento social, aceitando ou não e rivalizando com aspectos culturais diferenciados das grandes massas. Assim a arte tumular não deveria ser exclusiva a alguns segmentos sociais permeando todos os estratos sociais demolindo uma mentalidade supersticiosa e libertando as massas não apenas de conceitos ultrapassados, como dos grilhões da ignorância (no sentido do conhecimento) que produzem uma miopia cultural hereditária.

Muitos turistas e visitantes da própria localidade, desconhecem que alguns dos pontos turísticos de uma cidade são na verdade verdadeiros monumentos funerários, como é o caso do Obelisco no Parque Ibirapuera em São Paulo e do Taj Mahal na Índia. O obelisco esculpido por Galileu Emendabili é um mausoléu onde se encontram entre outros, os corpos dos soldados mortos na Revolução Constitucionalista de 1932. Já o Taj Mahal, conhecido como um "Monumento ao Amor" foi construído para abrigar o corpo de Mumtaz Mahal, uma das esposas e a favorita de Shah Jahan príncipe mongol. Muitos que os visitam ficam sabendo dessas informações no local, vivendo no entanto sem se dar conta das formas que um monumento funerário pode adquirir ou assumir e da história que acompanha toda a construção.

As próprias pirâmides no Egito são também grandes monumentos funerários, apesar de muitos dos seus visitantes não se incomodarem com isso, voltando a atenção para suas características monumentais, enigmáticas e geométricas de uma civilização do passado. O receio que muitos tinham das pirâmides como local perigoso e amaldiçoado desmoronou-se com o tempo diante das descobertas do que provocavam as mortes e as sensações de tontura que muitos dos aventureiros e pesquisadores sentiam em seu interior. Quando então o aspecto místico ou religioso cedeu lugar ao científico, o receio do contato deixou de existir.

Outro fator que influencia a decisão de escolha da visita se baseia na segurança. Há uma inversão psicológica baseada na concepção ideológica do visitante, o senso de segurança e bem-estar interfere no processo ao determinar mentalmente que em museus os mortos precisam de proteção contra os vivos, enquanto que nos cemitérios são os vivos que precisam de proteção contra os mortos. A proteção em museus se deve ao fato de que o toque em múmias esquifes e outros objetos pode deteriorar e mesmo destruir esses bens históricos. Há uma inversão nesse caso, sendo os mortos é que mais precisam da proteção dos vivos. Ademais, devido o valor histórico e também a riqueza de muitos itens em ouro, bronze, dentre outros metais e pedras semipreciosas tanto museus como necrópoles são alvos de furtos e roubos frequentemente.

Nas necrópoles, apesar de certa proteção contra ladrões de túmulos ou de pessoas mal intencionadas, a sensação em muitas culturas é de que os mortos podem se levantar a qualquer momento ou que estão nos observando dos seus leitos sepulcrais, transmitindo uma mensagem inconsciente de que precisamos de proteção ou ter alguém por perto conosco por segurança. Séculos de histórias, de filmes e de relatos assombrados tem criado uma cultura de medo e repúdio aos cemitérios como o último lugar onde muitos gostaram de estar. Se possível, a visita deveria ocorrer apenas em raríssimos momentos como no dia de finados ou dia dos mortos em alguns países. A crença de que os mortos retornam para assustar muitos vivos ainda mantém o ser humano refém de superstições que muitas vezes impedem o conhecimento de informações históricas importantes sobre o passado.

Apesar das esculturas e outras obras de arte expostas sobre os túmulos e nos mausoléus transmitir uma mensagem de perda, de dor ou tristeza com a partida de um ente querido, estas possuem tanto valor quanto as demais normalmente expostas em locais bem mais elegantes, iluminados e climatizados. A arte em si parece não diferenciar espaços ao transmitir a sua mensagem, porém parece que as pessoas sim.

Intrigante também, é perceber que um turista visita necrópoles famosas nos Estados Unidos e Europa, mas não se aventura nas brasileiras, como se fossem menos valiosas ou não possuírem um rico acervo de obras de arte como as demais. Cabe às pessoas se informarem mais, cavarem em busca da história que nos permeia e valorizar aspectos culturais pelos quais pouco apreciamos. Dessa forma, talvez no futuro o espaço possa não mais ser um fator decisivo na decisão de visitar uma obra de arte em uma necrópole ou em um museu.

Esquife em granito preto do antigo Egito aberto para visitação pública de milhões de turistas anualmente. Apesar de ser um túmulo com séculos de existência, saber-se que dentro havia um corpo embalsamado, portanto que se trata de uma urna funerária, não há temor em ver ou tocá-lo por parte dos visitantes. Questiona-se, se o mesmo esquife estivesse numa necrópole similiar às brasileiras se seria tão visitado ou visto com curiosidade como ocorre no museu em que está. Em exposição no Museu Britânico em Londres.

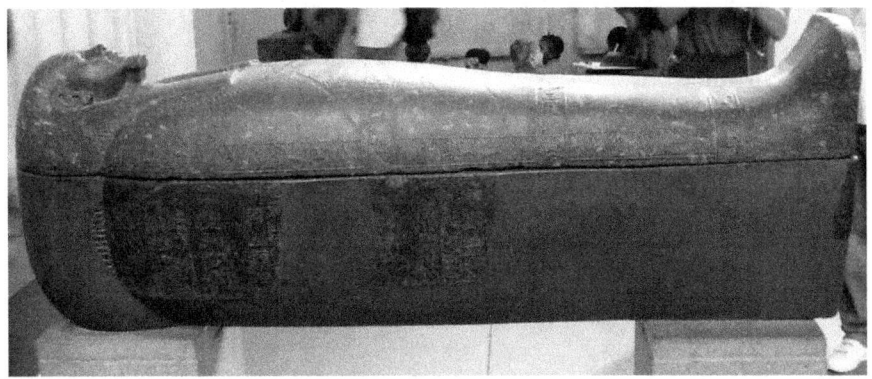

# 6

# ARTE E CULTURA EM CEMITÉRIOS: O PARADIGMA DAS NOVAS GERAÇÕES

Os cemitérios podem ser considerados, em determinadas circunstâncias, excelentes fontes de informações históricas sobre a localidade, época e de gerações passadas. Diferentemente do que se possa imaginar, neles estão reunidas informações que em outras circunstâncias precisariam ser colhidas em diversas fontes diferentes, inexistentes, distantes e muitas vezes difíceis de serem encontradas. Obviamente isso não significa que tudo que está escrito numa lápide ou numa placa em frente a um túmulo seja verdadeiro, porém um olhar investigativo ou uma pesquisa bem realizada conseguirá abstrair mais informações de uma necrópole que relatos dispersos e tendenciosos poderiam fornecer.

Dados como a religião, relações familiares e afetivas, ocupação e situação social e militar, estilo arquitetônico, estilo cultural, materiais utilizados, assim como os já costumeiros dados sobre datas específicas podem ser obtidas com mais segurança por estar, muitas vezes, incrustadas em rocha e metal que o tempo não distorce ou apaga. Assim, historiadores e pesquisadores conseguem obter mais detalhes através de métodos de pesquisa e estudo levantando informações sobre vários fatores como aspectos culturais prevalecente naquela sociedade no momento da morte. Um exemplo é o levantamento da árvore genealógica de muitas pessoas que remonta a épocas em que os registros eram raros, quando não realizados, senão por famílias ricas. Nesses e em outros casos, os obituários e cemitérios acabam se tornando fonte de pesquisa e informação segura para muitos pesquisadores.

Embora todos sejam igualados na morte, nem todos os que estão em uma necrópole são igualados na forma de sepultamento, principalmente quando se trata de pessoas simples. Não são apenas os belos túmulos decorados, as magníficas esculturas e os pujantes e grandiosos mausoléus que são importantes ou transmitem informações de grande valor. Os túmulos ou as sepulturas de anônimos que formam normalmente a grande maioria dos que jazem nas necrópoles também transmitem sua parcela de informação sobre como viviam e morriam as pessoas mais simples.

O estudo de ossos humanos encontrados em necrópoles e sítios arqueológicos explica como viviam ou como algumas civilizações foram atacadas por doenças que deixaram inclusive marcas em ossos. Um exemplo foi o estudo dos corpos encontrados carbonizados em Pompéia pela erupção do Monte Vesúvio, que tornou possível diferenciar os senhores dos escravos através do desgaste dos ossos. Foi também possível determinar a idade, as condições de vida da pessoa em vida como se, por exemplo, rastejava ou vivia agachada, como ocorreu com os achados no Sítio Arqueológico da Gamboa (Rio de Janeiro/RJ). Lá foram encontradas arcadas dentárias de jovens escravos com menos de 20 anos de idade que tinham dentes deformados, desgaste estes que representava uma identidade tribal. Isso ocorria como parte de uma cerimônia de iniciação, ou também como uma opção estética para parecerem mais belos/as. Mediante a análise do desgaste desses dentes, tornou-se possível a identificação de quais regiões da África eram oriundos.

Embora vejamos o lado artístico das esculturas e das ricas pessoas que tiveram os recursos para pagar ou que receberam postumamente tais obras no seu leito eterno, há outros aspectos que também precisam ser levados em conta. Cada pessoa que vem a óbito é uma perda para a sociedade. Quando alguém morre, perde-se um conjunto de conhecimento e história que pode ser único. São pessoas da mais absoluta simplicidade às mais importantes celebridades, todos contribuem de uma forma ou outra em vida para a sociedade. Em cada túmulo há uma história. Uma história de amor, de dor, de felicidade, de ciúmes, de traição, ou de qualquer outro motivo que seja. Pode ser de pais e mães amorosos, esposas e maridos inesquecíveis, filhos que se foram sem ao menos saber o quanto eram esperados e amados, ou mesmo pessoas cruéis que sequer deixaram saudades.

São histórias que permanecem esquecidas e por vezes sepultadas como quem as carrega, mas que não deixa de transmitir menos informações e sentimentos a quem consegue captar. No cemitério de Poços de Caldas em Minas Gerais, um túmulo onde repousa em sono tranqüilo e despreocupado uma pequena e linda criança esculpida em mármore branco, deitada em seu leito tem uma mensagem bela e triste. Um pai triste e com grande amargura e dor, exprime o sofrimento de ter vivido cerca de um século, enquanto via os seus tão queridos e desejados filhos nascerem e morrerem um a um, vez após vez, em poucos meses após nascerem. Desabafa-se como se tivesse vivido a vida que seus filhos não puderam viver. Como se Deus tivesse dado a ele a vida longeva que seus filhos jamais tiveram. Uma compensação que parece tê-lo consumido em dor a cada dia de sua longa jornada. Uma história comovente entre tantas outras cujas lápides e esculturas conseguem transmitir com poucas palavras.

São realidades perpetuadas numa lápide, em uma escultura e na grande maioria das vezes no silêncio das pessoas que não tendo recursos financeiros, ou que não encontraram meios optaram pelo esquecimento. Assim como talvez desejassem o anonimato para também expressar os seus mais profundos sentimentos. Quantos sonhos, esperanças e segredos repousam em cada sepultura. Muitos dos quais jamais serão conhecidos.

Em suma, não importa o lugar do mundo ou época um túmulo sempre trará informações que poderão estar superficialmente ocultas, e que nem sempre estará escrita em belos livros nas estantes de livrarias e bibliotecas. Como a história é geralmente contada por quem detém o poder sobre os meios necessários para que ela seja publicada, pelos vencedores e por quem fortuitamente conseguiu deixar sua marca, os cemitérios não costumam "mentir" na leitura real das informações que podem ser obtidas, do mais simples ao mais imponente túmulo. Os dados arqueológicos quando unidos aos registros escritos nos permite reconstruir simbolicamente os aspectos cotidianos, as crenças e os valores sociais da época eliminando as interpretações subjetivas.

De especial importância são as pesquisas que permitem a reconstituição dos rituais e que normalmente estão associadas ao universo religioso do morto englobando numerosos aspectos da sua vida como *status*, ideologias, valores, relações sociais e os mitos prevalecentes na época. Ou seja, é possível adentrar nas entranhas de uma sociedade antiga sem sair necessariamente de dentro de uma necrópole.

Assim como as lápides e os túmulos, os rituais e cerimônias fúnebres são meios de grande importância para entender como uma sociedade encara a morte e como trata os seus mortos. Com registros que atestam a existência que remonta ao início da história humana, sempre foi um meio que os vivos utilizaram para exprimir os seus sentimentos e respeito por quem morreu. Na verdade essas cerimônias dizem mais sobre os vivos do que sobre os mortos, pois nelas estão contidas ingredientes que nos permitem entender os medos, receios e esperanças que as pessoas nutrem em vida. Trata-se de um conjunto de crenças explicitadas e que refletem os temores humanos e caminhos necessários para garantir que, o que vir após a morte seja o melhor possível dependendo da religião de cada um.

A grande diversidade de rituais e cerimônias existentes entre os povos de todo o mundo nos permite ver que são na verdade diferentes meios de se chegar a um objetivo único. A não observação pode resultar em implicações para os familiares, razão pela qual essa observância assume aspecto primordial em algumas culturas. Muito embora sejam vistas como curiosas e em alguns locais atraiam a atenção de pessoas de outras partes do mundo como um atrativo turístico, praticamente todos os povos realizam alguma cerimônia fúnebre, mesmo que simples, rápidas e que passem despercebidas aos demais. Os tempos modernos readequaram os costumes, mas ainda não conseguiu ser forte o suficiente para extingui-los.

Muito embora os mais jovens tendem a não observar os costumes dos seus antepassados, a despedida final chega a receber em algumas ocasiões uma atenção toda especial, como é o caso dos cerimoniais em funerais de chefes de estado, pessoas influentes ou militares de alta patente. Funerais como os da princesa Diana na Inglaterra e do piloto de Fórmula 1 Ayrton Senna no Brasil atraíram grandes multidões e se tornaram celebrações que ficaram registradas na história dos seus países.

É comum ouvir que cada morto tem o enterro que merece, refletindo a condição e valores que este carrega quando da sua despedida final. Assim, os rituais e cerimônias dedicados a uma pessoa dizem muito a respeito de quem ela foi na sociedade em que pertenceu. Outro exemplo foi o enterro do abolicionista Luiz Gama que morreu em 24 de agosto de 1882, e que ocorreu em São Paulo atraindo cerca de dez por cento da população da cidade. Foi considerado o maior funeral de São Paulo embora a cidade tinha uma população estimada de quarenta mil habitantes. Ou seja, apesar de hoje parecer pouca gente, era para a época uma multidão gigantesca que não era vista normalmente, muito menos numa situação como esta.

Das mais famosas necrópoles do mundo às mais simples, dos mais estranhos rituais e cerimônias aos mais comuns, estamos todos cercados de um tema que teimamos em fugir e de uma realidade que tentamos negar. Conhecer melhor essas facetas que algumas sociedades costumam ignorar nos permite ter uma visão equilibrada da nossa relação com nossos próximos e de como vivemos nossas breves vidas. E principalmente, pode contribuir para que as pessoas percam o medo de conhecer lugares que tem mais a nos oferecer do que simplesmente a dor e o sofrimento. Oferecendo inclusive a oportunidade de analisarmos o presente de forma sóbria, e traçarmos um futuro tendo em mente um destino ao qual ninguém escapará.

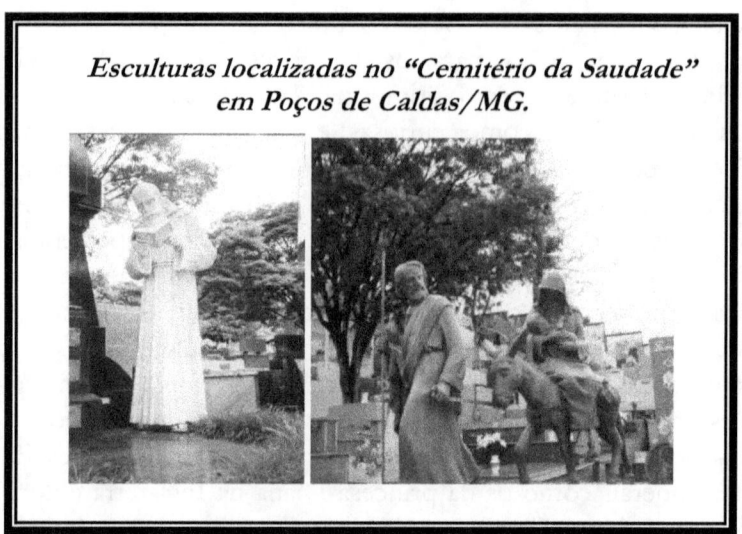

*Esculturas localizadas no "Cemitério da Saudade" em Poços de Caldas/MG.*

# 7

# MOTIVAÇÕES TURÍSTICAS E HISTÓRICAS

Engana-se quem imagina que apenas cemitérios repletos de estátuas e obras de arte de grandes escultores são dignos ou alvos de visitação turística. Inúmeros outros artistas de menor expressão deixaram trabalhos não menos valiosos em incontáveis monumentos funerários modernos e necrópoles por diversos países. Há necrópoles onde estão sepultadas pessoas ilustres ou famosas e que despojadas da ostentação guardam na simplicidade dos seus jazigos toda sua história e feitos que os celebrizaram em vida.

Um dos túmulos mais visitados no Cemitério Père Lachaise em Paris é o do vocalista do antigo grupo musical "The Door's", Jim Morrison, não sendo nenhum modelo artístico de jazigo e embora simples como a grande maioria dos anônimos na terra, atrai incontáveis fãs e curiosos. Não é sempre o túmulo que atrai o visitante como nesse caso, podendo ser a própria pessoa, também sua história, seus feitos, ou no caso do roqueiro os relatos sobre o seu comportamento tempestivo que influenciou sua geração.

Pouco comum no Brasil, em alguns países as necrópoles e túmulos de artistas famosos acabam se tornando destinos turísticos ou parte dele como ocorre na França, EUA, Itália, Inglaterra, etc. É muito difícil uma viagem à Paris sem encontrar nos "guias de turismo" ou ainda que alguém sugira uma visita ao Père Lachaise ou ir a Buenos Aires na Argentina sem conhecer o user estimulado a visitor o cemitério de La Recoleta. Nos Estados Unidos existe uma grande quantidade de pacotes turísticos dirigidos a quem deseja visitar necrópoles especialmente em Nova York, a cidade de Hollywood e indiscutivelmente Chicago. Bem estruturados e com guias capacitados os passeios são realizados incluindo os cemitérios no roteiro e também exclusivamente para os cemitérios.

Há datas especiais que chegam a levar muitos americanos aos cemitérios à noite, principalmente os jovens. Muito conhecido dos brasileiros, o *halloween* é atualmente uma festa americana tradicional assim como o dia dos mortos que é o equivalente mexicano. Há agências que realizam festas próximas a cemitérios, enquanto que desafios são lançados aos que corajosamente passam períodos da noite neles, principalmente aos novos integrantes de irmandades ou de grupos de jovens em grandes cidades.

Embora não seja exclusividade do povo americano, estes possuem uma estranha predileção por locais onde famosos estão enterrados ou onde houve grandes massacres, sendo batizado por alguns de "turismo macabro ou sinistro". É inquietante notar o interesse que os locais onde ocorreram tragédias suscitam no público americano. Em muitos países esses locais são evitados e até abandonados, ficam maculados para sempre. Há um interesse em ver e estar na cena do crime ou da tragédia gerando grandes fluxos de visitação. O massacre de Columbine, o local onde John F. Kennedy foi assassinado, o local onde estavam situadas as torres gêmeas (*World Trade Center*), e os assassinatos de Charles Milles Manson e seus seguidores estão entre os diversos roteiros procurados ou incluídos por agências de turismo em seus *city tours*.

No contexto histórico as necrópoles que atraem visitantes, as celebrações, cerimônias fúnebres e os rituais funerários ainda praticados em diversas partes do mundo não apenas fazem parte de um conjunto de fatores que compõem a cultura de um povo. Resumem um conjunto de tradições aglutinando o que é perceptível, aquilo que se vê. Separa os monumentos, as estátuas, as necrópoles e outras obras funerárias de grande porte daquilo que é invisível, porém presente como a percepção dos hábitos e costumes que permeiam mesmo as sociedades modernas e que possuem raízes muito similares, que foram assimiladas ou estão tão integrados à cultura popular que se torna aceitável e aprazível.

Países como Finlândia, Islândia, Dinamarca e Suécia entre outros possuem uma história extremamente interessante, especialmente na chamada "Era Viking". Conhecidos como aventureiros e guerreiros os seus funerais eram comoventes e impressionantes. Como ocorre em praticamente qualquer sociedade a posição social influenciava o tipo de enterro que seu membro recebia, podendo ser de um funeral simples reservado à grande maioria, a outros elaborados com uma imponente sepultura ou queima do corpo dentro da embarcação, o que era reservado aos nobres ou grandes líderes. É digno de nota que foi encontrada numa sepultura o século IX em Helgö na Suécia uma estátua de Buda, o que não apenas questiona a religiosidade na época como atesta as distâncias navegadas por esses povos naqueles tempos difíceis.

Como este se tornou um meio de sepultamento comum àquela sociedade, os funerais também eram realizados em balsas funerárias e alguns túmulos em terra tinham a forma de barco. Conforme verificado em túmulos que datam do século VII a.C. no antigo Egito havia também o costume de serem construídas barcas no interior das pirâmides (os barcos tinham uma importância real e simbólica no antigo Egito), entre outros significados uma alusão à importância do Rio Nilo naquela sociedade e talvez uma relação com as estrelas que os egípcios conheciam bem. Era também comum ao se iniciar cada estação de navegação em Ostia, ser oferecido o sacrifício de um barco e toda a sua tripulação à deusa Isis. Uma forma de garantir o sucesso das viagens e aplacar a fúria da deusa com a benção dela no ano que se iniciava.

Na idade média era comum o enterro de príncipes, reis, rainhas ou membros da nobreza ser precedido por uma cerimônia complexamente elaborada e que chegava a durar dias. Havia até mesmo o cortejo solene precedido de outros cortejos onde estavam objetos que mostravam as grandes conquistas ou feitos desses nobres, tendo o símbolo do reinado estampado em bandeiras ou mantos que cobriam o caixão. Podemos notar a semelhança com os costumes atuais, onde as cerimônias oficiais de funerais de chefes de estado costumam demorar dias, ser precedida por um cerimonial complexo, bem elaborado e simbólico ritual de louvor público, com a colocação da bandeira sobre o caixão do morto, desfile em carro aberto, salvas de tiros entre outras honrarias.

Em casos de militares é comum a colocação do "quepe" ou da "boina" sobre a urna, a utilização da bandeira, e em caso de morte em serviço, o sepultamento com o fardamento e tiros de honra. Procedimento semelhante é adotado no caso de religiosos e pessoas ilustres de agremiações esportivas famosas. Há todo um cerimonial envolvido nesses momentos, à semelhança do passado. Os tempos mudaram e os costumes acabaram absorvendo essas mudanças, embora muitas das características antigas ainda não desapareceram.

Alguns costumes antigos são universais como a distribuição de alimentos e bebidas no velório e o costume de permanecer acordado em vigília quando ocorre a morte de uma pessoa. São hábitos semelhantes que observarmos em países bem diferentes, não tendo nenhuma ligação em suas raízes históricas e que desenvolveram costumes bem parecidos ou próximos em se tratando da inexorabilidade da morte. Por outro lado, é possível descobrir que as bandas de música que incluem *mariachis* mexicanos e que tocam em cidades andinas como ocorre na Colômbia, Chile e Peru têm sido algo recente nos rituais fúnebres. Trazendo influências de outros lugares como o México, e inserindo-as na rotina andina até então presa a costumes ancestrais rígidos.

A própria inserção da música nos funerais, com farta distribuição de comida e bebidas como cerveja, aguardente de cana e refrigerantes nos faz questionar as diferenças nas diversas concepções sociológicas acerca da morte nos mais diferentes países. Para eles assim como para tantos outros a morte está associada ao renascimento da vida, talvez como a mitológica Fênix, aquela ave que renasce das cinzas gerando uma vida completamente nova, o que mostra que os rituais funerários costumam revelar menos sobre os mortos e mais sobre por que os vivos os celebram.

Em meio às diferenças culturais é surpreendente como a cultura andina na Bolívia costumava valorizar a morte violenta dos mais jovens em benefício da comunidade, como se a vida de um jovem em tenra idade fosse interrompida e oferecida à sociedade em que esteja inserido, independente de estar envolvido em guerrilhas na selva ou em outras formas de violência urbana devido ao narcotráfico. Há uma correspondência na Grécia antiga onde a morte dos jovens em campos de batalha era glorificada e tida como heróica, onde os guerreiros preferiam uma vida curta ou breve morrendo em batalha para que isso lhe proporcionasse uma glória eterna, a se verem envelhecer de forma decadente perdendo a virilidade, força e beleza. Uma analogia apenas aos meios que levam ao recrutamento de numerosos jovens em várias frentes de batalha na África e nos Andes, seja em defesa da comunidade, seja a favor das famílias que sobrevivem do plantio e venda de ervas usadas para produzir drogas, afetando o conceito local atribuído à morte e conseqüentemente às cerimônias fúnebres.

A importância dessas abordagens reside na forma como a história de um lugar é influenciada e contada para a posteridade. É amplamente citado que é impossível entender a evolução da cidade de Chicago nos Estados Unidos se não for mediante as suas necrópoles, tal a sua participação histórica no desenvolvimento da cidade e de toda a região. Não se trata necessariamente de uma descrição histórica longa, podendo ser breve, porém com uma riqueza de detalhes superior à de qualquer relato escrito. A importância dada aos cemitérios é tão grande que não atraem apenas turistas, pesquisadores e historiadores, como também fãs e admiradores que são capazes de longas viagens para reverenciar um mito ou um ídolo que não tiveram a felicidade de conhecer em vida.

Ainda que o interesse maior seja de pesquisadores e historiadores de um modo geral, a riqueza de informações e a diversidade de costumes e rituais funerários são motivações válidas em muitos países atraindo turistas que ao visitarem pequenas localidades se vêem rodeados de peculiaridades até então desconhecidas. A descoberta dos guerreiros de terracota tornou-se uma das descobertas mais interessantes nas últimas décadas pela dimensão, muitas vezes insana, que muitas pessoas atribuem à vida após a morte. Deixando para a posteridade um legado, que embora triste na concepção, transforma-se em espaços de pesquisa e visitação turística. São diferenciais que agregam valor ao local, muitas vezes tornando quase secreto espaços repletos de história e estórias como a necrópole da Catedral de São Pedro em Roma onde estão sepultados os seus papas. Ademais, como o processo turístico envolve a valorização das raízes culturais, desconhecer ou ignorar esse aspecto é negligenciar uma parte importante da história, pois um povo que não valoriza o seu passado, não se interessa pelo presente e não se importa com o seu futuro.

### Guerreiros de Terracota em Xian (China)

Estátuas em tamanho natural de terracota, com guerreiros colocados no Mausoléu do Imperador Qin Shihuang para protegê-lo após a morte

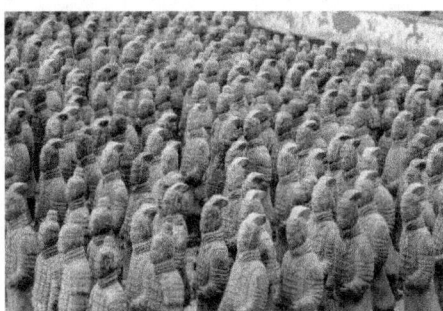

# 8

# NECRÓPOLES FAMOSAS OU CONHECIDAS EM TODO O MUNDO

Vários países possuem necrópoles com um invejável acervo de obras de arte em seu interior constituindo-se um belíssimo conjunto artístico, histórico e arquitetônico. São monumentos, esculturas, mausoléus, lápides, dentre outros artefatos transformados em obras de arte pelos que os executam ou pelo valor a eles atribuído, que tornam esses espaços verdadeiros museus a céu aberto. Alguns se destacam pela antigüidade e outros pela arte contemporânea, uns pela beleza das obras e outros pela curiosidade que suscitam, enfim uma ampla diversidade de aspectos peculiares a cada peça, ao sepultado e ao seu autor. Cidades como a pequena e pouco conhecida São Borja no Rio Grande do Sul pode não possuir monumentos atrativos, porém guarda os corpos de autoridades políticas como Getúlio Vargas e João Goulart. Portanto, não se trata necessariamente e unicamente do tamanho da cidade, riqueza da população ou requinte dos escultores, podendo ser também pela importância histórica e social do local para o país ou povo.

Devido à grande quantidade de necrópoles que possuem valor artístico e histórico, abaixo estão citados apenas alguns dos muitos museus a céu aberto que são de grande interesse e que receberam de residentes anônimos aos mais ilustres. Trata-se de uma breve descrição, sem injustiçar as numerosas outras existentes no mundo, procurando apenas estimular a pesquisa, curiosidade e o interesse por esses espaços.

**Père Lachaise – Paris/França:** Recebendo anualmente cerca de dois milhões de visitantes, o Cemitério Père Lachaise é um dos pontos turísticos mais conhecidos e visitados de Paris, na verdade o sétimo atrativo que mais recebe turistas[8]. Sua história vai além dos ilustres sepultados como o famoso compositor de piano Frederic Chopin, o roqueiro Jim Morrison e o escritor Honoré de Balzac dentre tantos

---

[8] Pode variar a cada ano, tanto a quantidade de visitantes como a colocação como atrativo no ranking de visitação dentre os atrativos parisienses.

outros famosos como Marcel Proust. Ainda hoje há os buracos de bala em um muro onde 150 revolucionários foram executados pelo governo francês em 27 de Maio de 1871. O cemitério é um dos mais belos exemplos da *Belle Époque* parisiense com numerosas esculturas e mausoléus que retratam bem a *Art Nouveau* e o modo de vida da burguesia séculos atrás. Um verdadeiro museu, dada a história e grande quantidade de obras de arte e esculturas existentes.

Inicialmente esse foi o primeiro espaço verde da capital parisiense onde as pessoas podiam circular livremente, cujo nome veio do padre Lachaise, que foi confessor do Rei Luís XIV. Aberto em 1804 tem mais de 200 anos de existência, ocupa cerca de 44 hectares de área e possui quase 70 mil túmulos, mausoléus muitos dos quais com belíssimas esculturas e histórias extremamente interessantes.

Dentre as inúmeras histórias contadas sobre os seus habitantes e que podem ser ouvidas dos guias de turismo ou encontradas nas páginas dos guias turísticos, estão:

Jim Morrison foi o causador de grandes problemas em vida, o que não mudou após a sua morte. O seu túmulo, embora simples é quase um altar que atrai uma multidão de fãs de todo o mundo que lá atiram toda sorte de objetos. Seu túmulo chegou a ter um guarda de plantão para evitar danos ao seu e aos demais. A provável causa da morte de Morrison tem sido atribuída a uma overdose, conforme muitas publicações citam, aos 27 anos dentro de uma banheira na cidade de Paris. Até a produção deste livro, a administração do cemitério cogitava retirar os seus restos mortais, contudo sem muito sucesso por falta de locais que possua algum interesse neles.

Um dos mais célebres escritores está lá, o irlandês Oscar Wilde autor do livro o "Retrato de Dorian Gray" e da frase que diz "Eu consigo resistir a tudo, menos à tentação". Quando tinha 41 anos de idade foi condenado a dois anos de trabalhos forçados por ter sido considerado homossexual sendo alvo dos anti-homossexuais da época. O túmulo de Oscar Wilde é adornado por um anjo de pedra que por duas vezes teve os seus órgãos sexuais extirpados além de que sua lápide tem sido alvo de beijos com batom que costumam penetrar na pedra causando danos permanentes.

Yves Montand que estrelou cerca de 40 filmes está sepultado junto a sua amada esposa a atriz Simone Signoret. Também Allan Kardec conhecido mundialmente como o precursor do espiritismo e que recebe milhares de visitantes principalmente brasileiros e que costumam deixar seu túmulo repleto de flores. Muitos outros grandes nomes estão sepultados no Père Lachaise como o escritor, diretor e ator Jean-Baptiste Moliére, os escritores Marcel Proust e Honoré de Balzac, o poeta Jean La Fontaine, o compositor e pianista Fréderic Chopin, a atriz e cantora Sarah Bernhardt, o pintor Eugene Delacroix dentre inúmeros outros famosos. O Père Lachaise é talvez o mais conhecido expoente mundial de valorização da arte tumular ou funerária. Em suas praças pessoas descansam, lêem, conversam, namoram e passeiam, atribuindo à arte maior importância que a temores infundados.

Paris também possui outros cemitérios não tão visitados quanto o primeiro, mas também com belas obras de arte expostas nos seus túmulos como o Cimitiére Montmartre e o Cimitiére du Montparnasse. Outra necrópole que não pode ser esquecida é a Basílica de Saint-Denis, conhecida como *"Nécropole des Rois de France"* ou A Necrópole dos Reis da França, onde estão sepultados numerosos reis e nobres que governaram a França ou fizeram parte de sua história. A riqueza de detalhes em muitas das esculturas sobre os túmulos é algo fascinante.

**Highgate Cemetery – Londres/Inglaterra:** Este é um cemitério onde a opulência é demonstrada em cada túmulo ou jazigo, riqueza que atesta a fortuna dos muitos que viviam em cada época que foram construídos. Entre os famosos sepultados, há Karl Marx enterrado em 17 de Março de 1883 embora seus restos mortais tenham sido mudados em 1954, sua esposa se encontra enterrada no mesmo cemitério; lá também se encontram Dante Gabriel Rossetti, Hebert Spencer, George Eliot, Michael Faraday entre outros como os familiares de Charles Dickens. É um cemitério Vitoriano onde prevalece em muitos túmulos características construtivas góticas.

**Cementerio de La Recoleta – Buenos Aires/Argentina:** Um dos mais bonitos e elegantes do mundo, uma das características é a grande diversidade de estátuas, monumentos e mausoléus de parte da aristocracia Argentina. Dentre os grandes escultores está Lora Mora, e dentre os ilustres sepultados estão os restos mortais de Evita Perón (Maria Eva Duarte de Perón, ex-primeira dama da Argentina) no jazigo da família Duarte. Dentre os detalhes curiosos que cercam o seu sepultamento está o velório que durou 14 longos dias, as milhares de flores que cercaram o Ministério do Trabalho da Argentina, e o receio dos militares de a sepultarem e o seu corpo ser furtado fez com que este fosse escondido em vários lugares diferentes antes de descansar no La Recoleta em 1976. Ao morrer foi embalsamada pelo famoso embalsamador espanhol Pedro Ara, preservando inclusive suas vísceras. Durante o velório ficou sobre uma superfície de cristal, o que enalteceu suas formas e a tornou angelical. No seu túmulo há uma espessa chapa de aço como garantia contra violações, devido ao clamor que durante anos ela conseguiu fazer surgir do povo argentino.

**Pierce Bros Westwood Village Memorial Park – Hollywood/Estados Unidos:** Difícil de imaginar quantos anônimos podem ser encontrados neste conhecido cemitério de famosos. Muitos astros e estrelas descansam tranqüilamente bem próximo ao agitado Wilshire Boulevard, como Marilyn Monroe, Burt Lancaster, Roy Orbison dentre numerosos outros. Não são poucos os visitantes que procuram esta necrópole para conhecer os belíssimos túmulos dos muitos famosos, estando incluído em muitos *city tours* que existem na cidade.

**Hollywood Forever Memorial Park – Hollywood/Los Angeles/Estados Unidos:** Conhecido como o Cemitério das estrelas, teve alguns filmes rodados em seu interior com atores como Steve Martin e Charles Seen em filmes como "L.A. Story", assim como programas semanais de televisão. É outra necrópole muito visitada por turistas devido aos ricos e belos túmulos de artistas e famosos. Devido ao grande número de artistas sepultados há mapas disponíveis com a localização de cada astro e estrela que dentre eles está Douglas Fairbanks. Sua localização é próxima aos estúdios da Paramount. Muitos consideram que visitar a capital do cinema e não conhecer essa necrópole é deixar de visitar parte da cidade.

**Fairview Cemetery – Halifax/Canadá:** Entre os atributos desse cemitério, se destaca os túmulos dos mortos no famoso naufrágio do Navio Titanic em 1912, onde 121 pessoas se encontram sepultados. Muito embora seja dito que se trata de uma coincidência e não de algo programado, os túmulos formam geometricamente as linhas do casco do navio, inclusive se encontram voltados para a mesma direção em que o Titanic. Uma curva no lado direito da linha de túmulos com a forma do barco está exatamente no local onde o casco foi fendido pelo iceberg. Há também vários outros túmulos que merecem uma visita no cemitério.

**Cimitiero Protestante – Roma/Itália:** Da mesma forma que Paris, Roma também tem cemitérios que deslumbram pela arte, sejam esculturas, mausoléus ou ornamentos nos túmulos. Em muitos desses túmulos está gente famosa como Percy Shelley, John Keats e Joseph Severn dentre outros personagens ilustres.

**Sleepy Hollow Cemetery – Nova York/Estados Unidos:** Terra de milionários e famosos, este é outro cemitério nos Estados Unidos que tem uma grande quantidade de ilustres sepultados e que atraem muitos visitantes. Numa cidade rica como Nova York, é possível imaginar os túmulos de homens como William Rockfeller, Walter Chrysler (o criador da Chrysler automóveis), Washington Irving, e Leo Baekeland entre outros empresários e milionários.

**Zentralfriedhof – Viena/Áustria:** Um dos mais interessantes cemitérios e com um dos maiores números de estrelas e astros do mundo da música por metro quadrado do mundo, tem em seu interior os restos mortais de homens e mulheres que marcaram a história da música. Entre os grandes nomes se encontra os compositores Johannes Brahms, Ludwig Beethoven, Wolfgang Amadeus Mozart, Franz Peter Schubert, Anton Salieri e a família Strauss composta por Johan, Josef e Eduard. Há também o roqueiro Hans Hölzel Falco, o escultor Anton Dominik Fernkorn, a atriz Josefine Gallmeyer, o escritor de peças de teatro Arthur Schnitzler e a cantora de ópera Marie Geistinger.

**St. Louis Cemetery No 1 – New Orleans/Estados Unidos:** Outro cemitério com vários artistas sepultados, especialmente do mundo da música. Há túmulos que datam de 1789. Repleto de histórias sobre fantasmas, essa necrópole possui numerosos mausoléus apesar do risco de assalto em seu interior. Geralmente, as visitas são aconselhadas apenas com a companhia de um guia ou acompanhadas.

**Chicago City Cemetery – Illinois/Estados Unidos:** Difícil citar um cemitério específico em vista da grande variedade de necrópoles na cidade e de como estas são essenciais na reconstituição da sua história. Historiadores americanos tem dito que a única possibilidade de traçar a história da cidade é por meio das lápides e túmulos nos seus cemitérios. Em suas necrópoles é possível encontrar as mais famosas obras de arte e exemplares arquitetônicos que atestam a glória e riqueza da cidade e do país. Ilustres, famosos, milionários, políticos como o ex-presidente Abraham Lincoln estão sepultados em suas necrópoles. A profusão de obras de arte e mausoléus é tamanha que levaria dias para um visitante percorrer suas necrópoles. A cidade conta com uma boa infra-estrutura, com agências e guias de turismo bem treinados que levam os turistas a conhecer as necrópoles e fornecem todo tipo de informações solicitadas.

**Glanesvin Cemetery – Dublin/Irlanda:** É um cemitério católico datado de 1832 com muito verde, espaço e interessantes torres de vigia nos muros. Tem uma grande importância nacional e lá estão sepultados homens como Roger Casement, executado pelo governo inglês como traidor em 1916, Daniel O'Connell, entre outros que participaram da história do país numa conturbada relação com a Inglaterra.

**Monumental Cemetery – Milan/Itália:** Repleto de esculturas é um cemitério que já teve fotografias de suas obras de arte expostas em Galerias de Arte devido a sua riqueza e beleza artística. O conjunto artístico e arquitetônico é característico de um país rico em esculturas e construtores que difundiram a arte em necrópoles pelo mundo.

**Northern Cemetery – Leeuwarden/Holanda:** Como os demais, é uma fonte preciosa de informações sobre história, situação social e influência sobre outros povos como ocorreu em outros países. Sua importância está também ligada aos monumentos e pessoas importantes que participaram na sua evolução histórica e que lá se encontram.

Numerosas outras necrópoles em praticamente todos os países do mundo têm algo interessante a mostrar. Descrevê-las resultaria em um grande e exaustivo guia que não é o objetivo principal deste livro. Como referência seguem outras informações de grande valor para os amantes da arte, pesquisadores, historiadores ou turistas que desejam conhecer um pouco mais sobre essa temática.

A Abadia da Catedral de Westminster (*Westminster Abbey Cathedral*) é o descanso eterno de reis, rainhas e outros membros da realeza britânica, de famosos e célebres homens e mulheres do Reino Unido. O corpo de William Shakespeare está sepultado na Trinity Church em Stratford-Upon Avon. O túmulo do famoso Capitão Bligh está localizado em Londres na St. Mary's Churchyard, em Lambeth. O famoso pintor John Waterhouse se encontra sepultado no Cemitério Kensal Green em Londres. Como modelo histórico, a cidade de Omaha em Nebraska nos Estados Unidos possui interessantes e históricos cemitérios, onde a história da cidade pode ser contada a partir das lápides dos túmulos.

O túmulo de Luís XII e Ana de Bretanha que se encontram na Basílica de Saint-Denis, foi encomendado em 1515 por Francisco I e colocado na basílica em 1531. Esculpida por italianos e franceses, a riqueza de detalhes das esculturas no túmulo pode consumir horas de observação atenta. A Basílica de Saint-Denis ou *"Basilique de Saint-Denis"* na França, é também uma necrópole onde estão sepultados reis, rainhas e nobres, em cujos túmulos repousam belas esculturas ricamente trabalhadas. É um dos exemplos máximos de uma necrópole onde a arte e a história se fundem inebriando os espectadores com conhecimento e beleza. A Basílica de São Pedro, no Vaticano em Roma na Itália, possui uma cripta onde se encontram os restos mortais de santos e papas que há séculos lideraram a Igreja Católica, inclusive os de São Pedro e de Karol Wojtyla, mais conhecido como Papa João Paulo II, beatificado em 2011.

## Cemitérios ou necrópoles verticais

O perfil das necrópoles está mudando, embora não seja nenhuma novidade o sepultamento em células ou lóculos, que são caixas ou espaços nas paredes dos cemitérios onde os corpos ficam armazenados após um determinado período nas covas. Nos últimos anos, devido a fatores como a grande quantidade de óbitos que ocorrem diariamente nas violentas cidades do mundo e principalmente as brasileiras, a falta de espaço e o alto valor cobrado pelos terrenos, assim como questões de saúde pública ou ainda simplesmente por opção dos familiares, os cemitérios verticais já são uma realidade em vários estados do Brasil.

A cidade de Santos no litoral de São Paulo possui o mais alto cemitério vertical do mundo com vista panorâmica para a cidade de um lado e as montanhas de outro, o que lhe valeu uma citação no famoso Guiness Book. Essa enorme necrópole, batizada de Memorial Necrópole Ecumênica é composta por um complexo de três prédios interligados, com dez, catorze e trinta e dois andares cada um, tendo um total de 25 mil jazigos. A necrópole possui três salas de velório, paredes que vertem água com um jardim com cascata, anfiteatro para cremação, sala *VIP* toda em branco com sofás de couro e música ambiente escolhida previamente pela família para acompanhar a cerimônia enquanto ocorre uma redução da luminosidade e a urna desaparece sob o piso ao som de músicas escolhidas previamente pela família. (Salomone 2004: 14) Dentre as muitas personalidades que já encomendaram seu sepultamento se encontra empresários, famílias abastadas e jogadores de futebol como Edson Arantes do Nascimento, o Pelé que adquiriu sua unidade com vista para a Vila Belmiro, sede do Santos Futebol Clube.

A tecnologia atualmente permite que quem esteja em qualquer outro local distante, acompanhe a cerimônia pelo seu computador pessoal podendo inclusive participar à distância da cerimônia enviando flores ou condolências. Já há pessoas que em vez de visitar pessoalmente o lóculo onde está o familiar, o faz pela internet, pois as imagens podem ser disponibilizadas a qualquer hora do dia e da noite. Não se trata necessariamente de algo isolado, pois serviços assim são oferecidos em várias cidades do mundo inteiro e no Brasil, há a oferta em capitais como Recife no Estado de Pernambuco, Natal no Rio Grande do Norte, dentre outras como São Paulo.

Com problemas de espaço e desejos diferenciados aumentando, acabam surgindo soluções inusitadas para a grande maioria e meios diferenciados utilizados como descanso final pelas pessoas, especialmente para quem se prepara para situações inesperadas. É o caso dos planos funerários onde podem ser adquiridos jazigos nos mais diversos cemitérios, das pessoas que desejam que seus restos mortais tenham um destino diferenciado ou que suas cinzas sejam jogadas no espaço ou no mar dentre outros lugares exóticos. Cada momento deixa gravado para a posteridade suas peculiaridades, que servirão para análise futura das novas gerações, como fazemos hoje com as manifestações anteriores.

# 9

# AS CERIMÔNIAS E RITUAIS FUNERÁRIOS NA HISTÓRIA

Dentre os costumes mais importantes observados desde a antiguidade e que perdura até nossos dias sem grandes diferenciações está o tratamento final dispensado aos mortos. Mesmo entre os povos bárbaros tidos como brutos e ignorantes, haviam cerimônias de despedida aos grandes e valentes que se destacavam entre os seus líderes e guerreiros. O respeito final aos que partem é a forma que os que ficam tem de demonstrar o valor destes em vida; muito embora haja quem conteste louvores póstumos que de nada adiantam ao morto. Contudo, para a sociedade a memória dos feitos e atos de muitos homens e mulheres mortos no passado como Alexandre o Grande e Joana D'Arc, não apenas influenciaram como mudaram o rumo da história em muitos lugares.

Uma história ou lenda bem conhecida é a tragédia de Sófocles, em que Antígona, filha de Édipo e Jocasta, desobedece Creonte rei de Tebas ao sepultar seu irmão Polinices, morto por se voltar contra Tebas devendo por isso ficar insepulto. Antígona defendia o direito de dar ao seu irmão o direito a um funeral, algo sagrado na antiga Grécia. Essa conhecida história ilustra bem o respeito pelos mortos que sempre permeou a maioria das sociedades no mundo. Imagina-se que um morto que não seja sepultado corretamente ou que não tenha cumprido certos rituais, jamais descansará em paz com sua alma perambulando pela terra em busca de paz. Como se fosse necessária a realização de algo, como uma cerimônia, celebração ou ritual que venha oficialmente encerrar sua vida ou passagem pela terra.

Cada sociedade desenvolveu os seus próprios rituais e cerimônias que compreendem aspectos culturais peculiares às suas crenças e temores. Com o passar dos anos a grande maioria dos rituais e cerimônias esvaiu-se com o tempo, restando apenas um simbolismo prático de respeito nas gerações modernas, exceto alguns poucos locais onde as tradições persistem resistindo às mudanças. Em muitos casos, essas tradições persistem devido ao aspecto turístico, atraindo grandes massas de turistas em datas específicas para verem como ocorriam certas tradições ou simplesmente por serem consideradas diferentes do usual.

A forma como as cerimônias eram realizadas e em alguns casos ainda o são, variavam muito sendo das mais simples às mais complexas na elaboração e realização enquanto outras são curiosas e interessantes, algumas das quais estão descritas a seguir. Um exemplo dessa riqueza e diversidade era o costume existente entre os "hunos", conhecido povo bárbaro na realização dos seus funerais, especialmente o do seu grande líder de todos os tempos, Átila. Tido como cruel e violento, Átila foi o que a sua época exigia, principalmente diante do não menos violento Império Romano que dominava o mundo a qualquer custo, mesmo que fosse ao custo de inúmeras vidas humanas. Após a sua morte, seguiu-se a versão da cerimônia contada por Wess Roberts, em seu livro "Segredos de liderança de Átila - O Huno".

*"Chocados e lamentosos, súditos e religiosos entregaram-se ao trabalho para as derradeiras homenagens. Na praça principal de Etzelburg, uma grande urna colocada sobre um pedestal abrigava o corpo de Átila. Enquanto um cavalo negro, antes sacrificado, era queimado em holocausto, o sumo-sacerdote Kama orava pelo rei e por todos os guerreiros das hordas mortos em combates. Dolentes vagidos lançavam uma pergunta às almas dos heróis abatidos: "Como deve nosso amado rei ser enterrado?" E toda a praça de Etzelburg parecida ouvir a resposta enviada do céu: "Dentro de um enorme caixão triplo, o primeiro pintado de ouro como o sol, o segundo prateado como as asas de um cometa e o terceiro de cor férrea, pois Átila foi um rei de ferro".*

*Kama viria depois ao público acrescentar outras recomendações captadas das nuvens: para evitar distúrbios populares e atos turbulentos de lamentação pelo rei morto, o grande esquife devia ser enterrado sob o leito do rio Tisza. Um dique foi construído para desviar temporariamente a corrente de água, enquanto uma tumba magnífica era construída. O corpo de Átila dormiria para sempre sob as águas.*

*Milhares entoavam canções tristes, mescladas de choros e gritos contra a mãe-natureza, o carro fúnebre seguia compassivo para o ato final de Tisza. À frente de todos, contido nas rédeas por um guarda-cavalos, o solitário corcel Vilam parecia conduzir na sela negra o espírito de seu rei e cavaleiro, enquanto mostrava na face uma tristeza quase racional pela perda do amigo. Membros da família real, chefes de tribo, comandantes de campo, guerreiros e dignitários da corte acompanhavam a pé, de gorros nas mãos, o cortejo solene.*

*Ao mar de lamentações uniram-se representantes de nações amigas, alguns dos quais haviam viajado três dias ou mais para o adeus final. A tênue luz do Sol que descia no horizonte do céu ocidental era ofuscada por milhares de tochas e archotes. Ao som do rufar dos tambores e de centenas de cornetas alinhadas, Átila foi aprisionado para sempre em seu excêntrico jazigo. A barragem foi quebrada e as águas do Tisza voltaram ao curso normal, recobrindo e protegendo da ira dos vivos a casa subterrânea e subaquática do "Flagelo de Deus".*

Embora seja uma narração romântica não significando que seja verdadeira, pois há outras versões sobre a forma como o sepultamento de Átila foi realizado, a narração mostra uma cerimônia ritualística onde há uma série de procedimentos que antecede o momento em que ele é enterrado. É comum ler em alguns livros e ouvir de historiadores que após o sepultamento de grandes líderes bárbaros, os homens que levavam o corpo eram mortos para que não contassem a ninguém onde o túmulo se localizava, sendo poucos os que ficavam sabendo onde estava sepultado como um tesouro escondido de salteadores.

A importância das cerimônias e rituais tem um significado muito maior e não apenas simbólicos como muitos imaginam. João José Reis, estudioso da cultura popular brasileira cita que para muitas pessoas que morreram e não tiveram sido observados certos rituais característicos em sua cultura, encontram-se numa situação de condenação a uma "existência" penosa entre o mundo dos vivos e o mundo dos mortos, como se estivessem num estágio intermediário (como o purgatório católico). Essa entrada pacífica e garantida no mundo dos mortos depende dos vivos e das cerimônias realizadas por estes. A não observação desses rituais pode causar problemas para a pessoa que morreu e este pode se vingar ou atormentar os familiares vivos, até que consiga o seu intento. (Reis 1998:89) Na cultura brasileira é muito comum a realização de missas para entes falecidos, cujo objetivo entre outros é de que suas almas descansem em paz.

Gilberto Freyre, no seu livro Casa Grande e Senzala, também aborda essa problemática cultural quando descreve os rituais comuns como a lavagem do morto, a queima dos objetos pessoais dele, a extrema unção, o período de luto, a comida e a bebida para sua viagem, a forma em que o sepultamento é realizado, dentre outros ritos que variam de acordo com a região e a posição social da pessoa. Também reconhece esse limite entre os dois mundos e vê a importância dessas cerimônias para que o morto tenha um bom destino. Embora citados sucintamente, cada ato tem significados que podem ir além da compreensão humana e deixar de seguir esse costume pode tirar a tranqüilidade da família, pois em muitas casas os azares cotidianos podem ser atribuídos a essas faltas.

A importância desses rituais é tão grande que em algumas culturas, onde os mortos são mais que respeitados chegando a ser reverenciados, a observação desses requisitos pode garantir que quando for necessário este interceda pelos vivos, como ocorre em países africanos e asiáticos. Em angola, acreditava-se que os ancestrais dos vivos chegavam a influir muito mais na vida deles que muitas divindades religiosas. Na verdade, para várias tribos ou povos africanos, os mais velhos são os responsáveis pela comunicação existente entre o mundo dos vivos e o mundo dos mortos, uma das muitas justificativas para o respeito e importância atribuída aos mais velhos.

Uma das heranças trazidas pelos portugueses aos seus países colonizados era o costume de cuidar dos mortos, ao vesti-los com boas roupas, aparar o cabelo e a barba, a realização de vigílias e a oferta de comida e bebida durante o período de espera. Embora não fosse um costume exclusivamente português, a maioria dos países tem em suas cerimônias aspectos parecidos ou similares mesmo os que jamais tiveram algum tipo de contato um com o outro. Expressões como "comer e beber o morto" se tornou comum em vários lugares tendo em vista a oferta de comida e bebida nos velórios ou após o enterro. Em alguns países como nos Estados Unidos, era comum pessoas visitarem velórios apenas para se alimentar em vista dos excelentes serviços oferecidos pelas empresas de velórios.

Para muitas culturas, a morte é uma fase de transição, a passagem de uma vida para a outra ou de um estágio da vida para outro, especialmente nas culturas indígenas e espiritualistas. Mesmo para as demais parece que a inobservância de alguns costumes estabelecidos pode resultar na falta do descanso e paz para o morto. Contudo, esses costumes sofreram em alguns momentos alterações sensíveis causando uma completa aculturação como ocorreu com os escravos trazidos da África. O sincretismo religioso resultante mesclou seus rituais proibidos com as cerimônias impostas pela igreja.

Jean-Baptiste Debret descreveu no livro: "Viagem pitoresca e histórica ao Brasil, aspectos interessantes de nossa cultura nos séculos passados", que até o ano de 1840 a maioria dos enterros eram realizados durante a noite. Embora os pobres e escravos não tivessem um acompanhamento como os mais ricos, geralmente um padre acompanhava o cortejo fúnebre, que quando carecia de acompanhantes se valiam de soldados de algum destacamento próximo, e sendo a pessoa de maior importância na localidade uma banda de pretos costumava seguir o grupo tocando. Junto havia as carpideiras[9] com seus gritos e choros. Com um tratamento inferior, as cerimônias de escravos eram simples, exceto quando se tratava de algum soba[10], sendo o morto levado em uma rede enquanto outros à frente cantavam, dançavam e gritavam.

Por mais estranho que pareça, muitos desses aspectos culturais continuam existindo em formatos modernos com uma nova roupagem, pois perduram em alguns lugares mais próximos que imaginamos. Contudo, diante da matéria bem pouco agradável ou da distância que procuramos manter de ritos fúnebres passam-nos despercebidos. Uma análise detalhada do comportamento regional brasileiro nos leva a perceber traços e hábitos antigos que remontam décadas passadas.

No interior do Estado de Sergipe, quando se percebia que o fim da vida se aproximava para uma pessoa, fazia-se a "sentinela" que era uma espécie de velório com a pessoa ainda viva, embora se esvaindo aos poucos. Quando o doente estava agonizante, chamava-se uma "exortadeira" que tinha a função de ajudar a pessoa a morrer e ser recebida bem do outro lado da vida. Fazia parte do hábito colocar uma vela na mão do moribundo para que iluminasse o seu caminho à frente. A cerimônia simples envolve falas, rezas e cantos do início ao fim.

O costume de colocar uma vela na mão do moribundo que estava "nas últimas" ou nos últimos momentos de sua vida era uma prática antiga generalizada. De interesse é também o costume de distribuir

---

[9] As carpideiras eram mulheres pagas para acompanhar os funerais pranteando o morto.
[10] Chefe ou líder de tribo africana.

cachaça, fumo e alimentos durante a noite e mesmo pouco antes do enterro. Curioso é que caso houvesse espelhos na casa este era virado contra a parede; assim como os objetos e pertences pessoais eram colocados sobre o terreiro da casa. Quando se tratava de criança, a cerimônia tinha o foco das rezas, preces e cantos voltados para anjos e criaturas celestes.

Não menos interessante são os relatos de John Luccock sobre os rituais de sepultamento presenciados por ele mesmo na cidade do Rio de Janeiro em 1808, e relatados no livro "Notas sobre o Rio de Janeiro e partes meridionais do Brasil". Segundo Luccock, os corpos costumavam ser levados em tabuleiros semelhante a liteiras abertas onde o corpo deitado e coberto podia ser visto por inteiro. Como o enterro ocorria logo após o último suspiro, este relata que os músculos do corpo do morto chegavam movimentar-se enquanto carregado. Algo posteriormente bastante discutido em vista dos casos de catalepsia[11] com algumas pessoas sendo enterradas ainda vivas, conforme alguns corpos eram desenterrados e encontrados de costas para cima ou em posição fetal. É digno de nota que a medicina naquela época pouco podia fazer, e praticamente não existia acesso à saúde digna às classes sociais mais simples e muito menos para os escravos.

O historiador também ficou bastante impressionado ao ver os homens que carregavam algum morto despojá-lo de seus enfeites e de seus ricos ornamentos quando possuía, muitas dessas pessoas pertencentes a ordens religiosas e em alguns casos sendo o próprio celebrante. Após o qual o corpo era praticamente atirado dentro da sepultura, não sendo utilizado neste período cordas ou urnas. Era jogado um pouco de cal virgem sobre o corpo, jogava-se terra e por último socava-se tudo com grandes pilões de madeira, atos relatados como chocantes e de uma prática desumana mesmo em se tratando de mortos.

Quando se tratava de pessoas pobres e simples a situação era bem diferente. Os cortejos fúnebres eram substituídos por dois homens que carregavam o morto em redes, sendo sepultados de qualquer forma em covas não muito profundas. O relato informa também sobre a utilização incorreta dos corpos para estudos no próprio cemitério, colocando em risco a saúde pública na cidade, em vista do mau cheiro

---

[11] Estado de inércia física e respiratória confundida com a morte. A vítima cataléptica costumava recobrar os sentidos algum tempo depois, já se encontrando enterrada, devido ao desconhecimento antigo da doença.

e dos riscos de contaminação. Práticas também debatidas posteriormente dando origem aos modelos de cemitérios conhecidos atualmente, encontrando-se inicialmente afastados dos grandes centros urbanos.

Estudar e conhecer como os costumes surgiram ou são seguidos, nos permite analisar criteriosamente a relação do homem consigo mesmo e com os seus semelhantes, principalmente quando a mais inexorável das realidades ocorre com o ser humano. Uma sociedade que não valoriza o seu passado, hábitos e costumes, menospreza o seu futuro irremediavelmente. A forma como os vivos tratam e cuidam dos seus mortos nos diz muito sobre seus temores, crenças e expectativas futuras.

## Cerimônias e celebrações que ocorrem em alguns lugares do mundo

A diversidade de costumes ou rituais utilizados na ocasião da morte ou mesmo no período após a morte da pessoa, tem persistido em muitos lugares apesar do avanço tecnológico e da modernidade. No entanto, muitos desses costumes se adaptaram às tendências modernas de uma sociedade sempre apressada e com pouco tempo a perder. Parece ser nos países menos desenvolvidos ou em desenvolvimentos que é possível notar a grande maioria dos costumes ainda remanescentes, especialmente nas regiões rurais e afastadas dos grandes centros urbanos. Em países desenvolvidos a observação atenta mostrará resquícios culturais que ainda resistem ao tempo, e que despercebidos ainda são observados inconscientemente.

Uma data muito comum para que as cerimônias fúnebres de um modo geral ocorram é o dia de finados ou dia dos mortos. A história contada pela igreja é que Isidoro de Sevilha dedicava um dia aos mortos no dia seguinte ao de Pentecostes, ordenando que os monges celebrassem uma missa aos mortos. Contudo, foi no século X, mais precisamente no ano de 998, que o superior do Mosteiro de Clunny na França, o abade Odilão, ordenou que na tarde do dia 2 de novembro fosse celebrada uma missa pelos mortos, hábito que acabou se espalhando pela Europa antiga e persiste até os dias atuais praticamente no mundo inteiro.

Observar esses costumes e rituais se tornaram interessantes formas de desenvolver o turismo em alguns lugares do mundo, especialmente no México com o "*el dia de los muertos*" e na Coréia antigamente com uma grande festa, cujo presidente costumava acompanhar pessoalmente. Muitos se deslocam para cumprir com suas obrigações, outros apenas com o intuito de acompanhar essas comemorações. Como veremos mais adiante, o costume de passar algum tempo dentro de cemitérios não é uma característica comum apenas dos mexicanos. Na cidade de Talca no Chile, há pessoas que aguardam o ano novo dentro dos cemitérios rezando, meditando e namorando. Como a diversidade cultural é grande e são numerosas as situações e relatos de interesse turístico, abaixo estão descritas algumas das celebrações mais comuns realizadas no mundo.

O **México** é conhecido mundialmente pelas festividades realizadas no dias dos mortos. Embora tenha raízes comuns, as celebrações ganham identidades características em cada região. De um modo geral, cada família monta um altar para o dia 2 de novembro homenageando os mortos da família. Esse costume também se estende a espaços públicos e não apenas os privados. Uma tradição comum é colocar sobre o altar as fotografias do morto, bebidas, doces, comidas e o "*pan de muerto*", que é uma rosca doce que assume diversos formatos, inclusive de caveiras. Sobre o altar, são colocadas também cartas que familiares e amigos escrevem, coisas que o finado gostava como perfume e flores dentre outros objetos.

A alegria e festividade da data se manifestam nas divertidas formas que os bonequinhos comestíveis e as caveirinhas de açúcar são feitos e dados às crianças. É comum músicos, cantores, bandas ou grupos de músicos tocarem e cantarem diante dos túmulos durante a noite. Esse antigo costume remonta a tempos pré-colombianos onde acreditava-se que as almas visitam a terra, inclusive suas famílias passando tempo com estas e se inteirando dos últimos acontecimentos. Esses costumes resistiram à dominação cultural cristã, que tentava impedir essas festas consideradas pagãs e que eram uma mistura das culturas dos antigos Aztecas, dos Maias e dos espanhóis que ao invadirem o país impuseram sua cultura própria.

Para os mexicanos essa é uma das datas mais importantes do ano e não é necessariamente algo sinistro ou macabro. Para quem vivia no México séculos atrás, a vida era tão incerta que a morte não era tão mal vista como se poderia imaginar. Na verdade a idéia era que a morte chegava a ser uma recompensa para os com dificuldades de viver, ou ainda como uma última experiência da própria vida, sendo encarada como parte do ciclo natural de nascimento, vida e morte de todas as pessoas norteando-os para essas comemorações. A morte deixou de ser algo inconsolável para se tornar uma fuga, uma realidade certa e inexorável.

A importância dessa data prevalece até sobre os escassos recursos das famílias mais necessitadas, que sempre reservam algum dinheiro para a festa. Há também alguns detalhes que são seguidos nesse ritual comum no México. A mesa ou o altar montado em honra aos mortos fica sempre no lugar de maior importância da casa, tendo geralmente alguns níveis como se fosse uma escada e evocando uma pirâmide estando coberta com uma toalha. É comum colocar quatro velas no topo da pirâmide, que significa os quatro pontos cardeais de orientação. Enquanto o incenso é queimado, são acesas velas, uma para cada membro morto da família e uma outra para que ninguém seja esquecido durante a festa.

O altar ou mesa é preenchido com flores, frutas da estação, bebidas, comidas, especialmente os pratos preferidos do morto, pois ele encontrará a casa atraído pelo cheiro da sua comida favorita. Outros itens importantes são, a água para purificação e matar a sede, pães que significam a necessidade do alimento para a sobrevivência e sal, também usado para purificação e temperar a comida. As caveiras de açúcar são feitas em diversas formas, representando o morto em suas funções em vida, em formatos engraçados e deixados sobre a mesa. Algumas caveirinhas costumam representar os ofícios do morto em vida, sendo feitas também em formatos cômicos.

Outros detalhes curiosos são os apetrechos pessoais como pentes, espelhos, sabonetes, toalhas, entre outros objetos que se destinam ao espírito para que este se embeleze, se veja e se arrume quando da sua volta principalmente para as pessoas que eram vaidosas. Objetos pessoais também são deixados no local, como fotografias, brinquedos, armas, ferramentas e cigarros para que eles se lembrem do que faziam enquanto estavam vivos. Muitos familiares contam histórias, notícias, fofocas e as últimas novidades do último ano para manter os espíritos bem informados.

Como a tradição tem aspectos regionais diferenciados cada lugar comemora à sua maneira, embora os aspectos básicos se mantenham. A região de Sonora ao norte do México, tem como habitantes os índios *mayos* que preparam uma grande festa que se inicia na verdade no dia 24 de outubro. Os *mayos* tem o costume de enfeitar as igrejas e templos fazendo caminhos feitos com pétalas de flores e rosas em direção ao cemitério, deixam oferendas, acendem velas e soltam fogos de artifícios. O objetivo segundo eles é chamar sua atenção para que os mortos encontrem o caminho certo ao retornarem. Na noite do dia primeiro de novembro eles se dirigem ao cemitério com oferendas, comidas e tocando músicas, deixando-as pela manhã ao retornarem para suas casas com flores frescas.

Na Região de Yucatán as celebrações costumam ter até sete dias de duração para que os mortos possam retornar ao mundo dos vivos e visitar os seus familiares e conhecidos. A exemplo das demais regiões são preparadas comidas diversas e pratos típicos, utilizando-se também de velas e cera negra para as cerimônias.

Uma dos locais preferidos pelos turistas para acompanhar "*el día de los muertos*" no México é Michoacán, por preservar muitas das características originais do passado. Durante a noite os residentes costumam conversar e chorar longamente com os seus ancestrais. Os familiares costumam ir aos cemitérios com comidas, flores e velas, arrumando os jazigos e túmulos por toda a noite. Pela manhã do dia 2 de novembro as crianças costumam entregar no templo os frutos de suas colheitas regionais.

Algumas das localidades que são bem interessantes e que possuem uma grande riqueza cultural são Veracruz, Cuernavaca, Morelos, Cuilapan, entre outras. De um modo geral há muitas semelhanças na forma em que todas são comemoradas nos demais lugares do país. Pequenas diferenciações existem como desfiles de moradores mascarados, pequenas festas com dança e música dentro dos cemitérios, separação das oferendas como as mais simples do lado de fora da casa para os que tiveram um mau comportamento em vida, e as melhores do lado de dentro para os que são merecedores, entre outras curiosidades como a larga utilização de caveirinhas em posições divertidas, podendo levar os nomes de familiares e amigos.

A **Tailândia** é considerada um dos mais exóticos países do mundo e também possui tradições bem interessantes como as que precedem as cremações, algo comum no país. Em junho é realizada uma festa para Buda, onde é organizada uma homenagem aos mortos. É comum os mais jovens se vestirem com fantasias e máscaras com aspectos assustadores dançando sem parar até chegar ao templo com o intuito de celebrar a união dos vivos e dos mortos, cujos espíritos costumam descer à terra. Em algumas regiões, ao voltar para casa as pessoas andam em círculos, dão voltas e passam por ruas diferentes para "despistar" os mortos, evitando que eles voltem para a casa dos familiares a que eles se apegarem.

A cremação dos corpos era bastante comum em partes da **China** por dois motivos, o alto preço cobrado pelos terrenos para sepultamentos e devido a religiosidade que creditava à cremação a possibilidade de regeneração do corpo. Ocorre ainda em muitas regiões na China cortejos fúnebres com as pessoas indo à frente do féretro, vestindo roupas coloridas e utilizando uma espécie de chapéu branco com longas abas e cores vivas como o vermelho. É digno de nota que a cor fúnebre na China não é o preto, e sim o branco. O próprio corpo segue carregado nos ombros por amigos e familiares mais jovens numa espécie de liteira colorida. No mês de abril, é comum os chineses visitarem os seus mortos, levando comida (arroz), acendendo incensos e arrumando os túmulos. Em muitas regiões as pessoas costumam ofertar comidas além de frutas e pães para que o morto não sinta fome. Para que a alma viaje tranquilamente e encontre o caminho correto são utilizados carpideiras ou cantores. A própria localização ou posição da sepultura em muitos casos chega a ser estudada antes de ser construída.

O Festival dos Mortos em **Taiwan** é uma das festas mais tradicionais do país, onde até mesmo o presidente costumava comparecer, sendo realizada no mês de agosto, sétimo calendário lunar para os taiwaneses reverenciarem os seus mortos. Acredita-se que os portais entre os mundos material e espiritual são abertos, possibilitando que os espíritos fiquem próximo dos vivos e tenham um acesso livre entre os dois mundos. São realizadas festas para que os espíritos possam voltar para o seu mundo e para isso são oferecidos comidas, dinheiro (falso ou de mentira), e barrinhas de ouro (de papel).

Ocorrida há mais de 150 anos devido uma luta entre dois clãs que resultou em muitos mortos a festa não é cancelada nem mesmo diante de tempestades naturais como furacões, tufões ou conflitos bélicos. Na cidade de Keelung, ocorre a principal festa, um longo cortejo que chega a medir 15 quilômetros percorre as ruas e acaba na praia, onde grandes e belas lanternas repletas de mensagens, barrinhas de ouro "de papel" e dinheiro falso, são queimadas em fogueiras nas praias. As grandes lanternas com uma diversidade de formatos costumam ser liberadas no mar em barcos para que possam iluminar o caminho de volta dos espíritos. A festa tem se tornado uma grande atração turística com numerosos clãs desfilando, assim como monges de templos taoístas, dentre a população local e outros que vem reverenciar os seus mortos.

Como a idéia de morte não é muito estranha à cultura irlandesa, era comum a realização de velórios com bebidas, comida e danças se transformando em verdadeiros acontecimentos sociais na **Irlanda**. Um dos costumes mais comuns era deixar a janela do local onde o moribundo estivesse aberta, para que a alma pudesse sair do local em direção ao mundo dos mortos. Um dos aspectos culturais irlandeses durante os velórios era a bizarra inclusão do morto na comemoração de sua partida.

Na **Grécia** e **Roma** antiga era comum o culto ao morto ser perpetuado pelos familiares vivos. Muitos ainda em vida encomendavam túmulos grandiosos, ricamente elaborados e tendo esculturas que o distinguisse dos demais com o fim de não ser esquecido. Em Roma, alguns procuravam ser enterrados próximos às vias para que sempre fossem vistos e jamais esquecidos pelos passantes. E na Grécia, a grandiosidade da elaboração das cerimônias de despedida chegaram a ser controladas por lei, tamanha a importância a elas atribuídas.

Em muitos túmulos ou mausoléus os ornamentos eram alegres, pois esse era um fator essencial para que a alma fosse aceita pelas divindades protetoras dos familiares remanescentes. A falta de cuidado aos mortos poderia fazer com que incorressem na ira dos deuses, sendo este um dos motivos pelos quais os familiares costumavam estar sempre levando bebida e comida ao túmulo, uma extensão dos prazeres da vida na terra e gozando da proteção das almas dos entes mortos.

No **Brasil**, os relatos remontam ao século XVIII, quando da existência da Santa Casa de Misericórdia que cuidava do sepultamento dos mortos. Muitos corpos eram transportados em esquifes abertos alugados e enterrados em covas dentro das igrejas sem a utilização dos caixões como é feito atualmente. Isso resultou em grandes debates sobre essa prática insalubre e culminou com a construção dos cemitérios como o atualmente conhecido Cemitério da Consolação. Em 1856 a Assembléia Providencial de São Paulo regularizou o sistema de transporte de corpos para os cemitérios que passaram a existir na cidade. No restante do país a situação não era melhor que a de São Paulo.

Com suas dimensões continentais, o Brasil é um país que diante da grande diversidade cultural apresentava características diferentes em muitas de suas regiões. Os costumes variavam bastante de um lugar para outro, assim como as cerimônias e rituais influenciadas pelos estrangeiros. Embora, atualmente haja uma homogeneização dos hábitos e costumes, há ainda peculiaridades em cada localidade. Alguns dos costumes comuns e que eram bem interessantes ocorriam no mundo indígena, embora sempre reste algum resquício de hábitos e costumes especialmente nas regiões interioranas. Abaixo estão relatadas duas formas interessantes realizadas pelo povo indígena no Brasil.

Para os índios Tupinambás os rituais após a morte de um guerreiro eram essenciais para a paz do espírito. Quando um guerreiro morria, era preciso que alguém pertencente ao grupo que o matou fosse sacrificado pela sua tribo, resultando em incursões entre os povos inimigos para que o sacrifício apaziguasse o espírito. O sepultamento costumava ocorrer logo após a morte do índio, cabendo aos seus familiares preparar sua sepultura ou finalizar-lhe a vida se este ainda estivesse com algum resquício de vida. Os pertences dos guerreiros como armas e utensílios eram geralmente enterrados junto com eles e nunca guardados pelos membros da tribo.

Os índios Kaiangáng também comemoravam ao seu modo o dia dos mortos, que com a presença do homem branco acabaram por mudar os seus costumes ancestrais. Há algum tempo atrás esses índios tomavam uma bebida fermentada feita a base de milho e mel conhecida como kiki, no ritual em que realizavam o culto aos mortos em volta de fogueiras antes de irem aos cemitérios. Infelizmente, hoje a maioria dos remanescentes das tribos utilizam-se de bebidas destiladas como a cachaça nas suas comemorações. Embora esse ritual fosse realizado originalmente de março a maio dependendo do inverno, as influências recebidas dos colonizadores e religiosos alteraram a data para o dia dois de novembro, como é comemorado universalmente.

Como o Brasil é um país multicultural, é possível encontrar praticamente uma grande variedade de costumes funerários espalhados por todo o país. Muitas das cerimônias acabaram sendo influenciadas pelos imigrantes que colonizaram o país. Parte dos costumes históricos estão descritos nas origens culturais da arte tumular ou funerária, como ocorre em muitas regiões rurais como no interior do estado de Sergipe, onde "sentinelas" costumam passar a noite em claro velando o defunto. Muitas vezes tudo começava com a pessoa "nas últimas" ou morrendo, tendo as "exortadeiras" que eram mulheres que se encarregavam de ajudar o doente a morrer, a tarefa de recitar preces (ofícios) para que sua alma fosse bem recebida no céu. Tudo isso enquanto era servido bebidas alcoólicas, fumo e alguns alimentos. Uma pesquisa detalhada pode revelar informações bem interessantes do nosso próprio país, mesmo nos grandes centros urbanos.

Em algumas partes do **Japão** e em localidades onde o budismo é a religião predominante, é muito comum quando o familiar morre acender as velas do oratório doméstico e queimar incenso junto ao falecido cobrindo o rosto da pessoa com um pano branco. Enquanto um orador recita textos sagrados conhecidos em algumas localidades costuma-se colocar oferendas para o morto, nos templos ou nos altares familiares. As condolências costumam ser apresentadas inicialmente ao chefe de família, podendo vir acompanhado de um pequeno envelope com algum dinheiro para ajudar no funeral. Os orientais anteriormente usavam a cor branca como a cor do luto, o que não é mais tão comum em todos os velórios devido a ocidentalização dos costumes e utilização também do preto. Uma das principais celebrações é o *"obon"* que pode durar vários dias, momento que os familiares costumam decorar os templos e túmulos e realizar danças folclóricas promovendo a união entre o mundo dos vivos e dos mortos.

Os **judeus** têm uma tradição diferenciada e especial quando se trata de óbitos. Ao morrer todas as roupas, jóias e adornos são retirados da pessoa, e o corpo fica envolto apenas num lençol branco. A colocação do corpo sobre uma lápide ou outro local se dá com os pés voltados para a porta e a cabeça permanece a um nível acima do restante do corpo. Há certa urgência bíblica no sepultamento do corpo não podendo este permanecer insepulto por muito tempo, pois isso seria uma desonra e a alma do falecido não descansaria. Como os judeus acreditavam que a morte iguala a todos independente de conhecimento ou riquezas, o caixão costuma ser semelhante para todos, de madeira e com a Estrela de Davi na parte superior da urna.

Dentre os detalhes interessantes, está a forma como o velório costuma ocorrer com a urna fechada para que a última recordação do morto seja a dele em vida. Os familiares não são estimulados a conter a sua dor como é feito comumente, ao contrário, eles devem dar vazão ao seu sofrimento e até mesmo rasgar suas vestes em alusão a um costume bíblico antigo. Nem todos podem entrar no cemitério e há pessoas específicas para cuidar da lavagem e purificação do corpo, seguindo-se uma série de rituais até que este fique arrumado com uma mortalha feita de puro linho ou algodão branco.

O tratamento dispensado ao corpo pode ser longo, detalhado e cuidadoso sendo que enquanto ocorre a preparação são recitados textos religiosos e orações. A forma como o lençol que encobre o corpo é colocado, as expressões utilizadas, a colocação do morto com a cabeça virada para a direção de Jerusalém, a forma em que a pá é utilizada para cobrir de terra o féretro ou como as mãos são lavadas posteriormente dizem muito sobre os hábitos e costumes desse povo. Deixar de cumprir com essas regras estabelecidas por séculos pode ser encarado como uma ofensa. Todo o processo é repleto de pequenos detalhes e cuidados que torna o ritual parte importante do sepultamento.

Os rituais **Coreanos** revelavam a forma como eles encaravam a morte, muito embora como ocorreu com muitos outros países suas tradições acabaram desaparecendo com o passar dos anos ou se ocidentalizando, especialmente diante da modernidade e das novas religiões como o protestantismo e o catolicismo que se tornaram praticamente universais. Trata-se de tempos antigos, muito antes das duas Coréias que conhecemos atualmente divididas pela guerra.

Quando uma pessoa estava morrendo de causas naturais ou doenças comuns, procurava-se levar a pessoa de onde ela estivesse para que morresse dentro de sua casa, evitando que o espírito andasse perdido e sem destino. Razão pela qual ao adoecer gravemente, retornava-se com a pessoa o mais rapidamente possível para o seu lar habitual e em especial se contava com a presença dos seus familiares mais próximos quando do último suspiro. De acordo com a tradição confuciana, os homens não podiam ver as mulheres morrendo e da mesma forma as mulheres não poderiam acompanhar os últimos momentos de um homem.

Após a confirmação da morte, todos os acessórios e jóias eram retirados e um dos familiares subia no telhado da casa com um casaco ou capa do falecido ou da falecida e gritava o seu nome três vezes, cobrindo-o com a mesma peça ao descer. No passado, ao enviar a notícia da morte de um familiar, ela era falada ou lida perto da entrada da casa, e nunca dentro dela, para evitar má sorte ou azar.

Os detalhes da preparação do corpo e do período que antecedia o enterro eram numerosos, o que com o tempo acabou sendo reduzido e nos grandes centros urbanos praticamente desapareceu. Entre os costumes comuns estava o de fazer três paradas e colocar a urna no chão a caminho do cemitério para depois pegá-la novamente. Utilizavam-se também faixas, figuras de dragões e vestimentas coloridas, tal qual até recentemente ocorria em muitas regiões da China.

Os costumes, cerimônias e rituais utilizados no mundo inteiro, seja no passado ou ainda praticado como relatado acima, trazem consigo muito mais que simples manifestações de pesar e de dor. Envolvem uma riqueza cultural que passou de geração para geração demonstrando o respeito pelos mortos, o quanto eram queridos e os meios de garantir que houvesse uma transição para outros planos de forma suave e em paz. Mesmo que a modernidade desestimule seguir as tradições passadas, ainda assim elas nos lembram da mais certa das realidades de quem está vivo e que jamais conseguirá escapar, a morte.

## A tradicional festa de *halloween* e seus laços com os demais costumes mundiais

Muito conhecida no mundo inteiro, a festa de *halloween* é tida como uma das muitas manifestações culturais dos Estados Unidos mundo afora. Porém, nem todos sabem, mas a origem do *halloween* não é americana e sim irlandesa. Seu início remonta aos festivais dos Celtas e dos seus sacerdotes, os Druidas que habitavam aquela região, chamados de Shamhain uns dois mil anos atrás.

Estes festivais ocorriam no final da colheita e do verão entre os dias 31 de Outubro e 1° de Novembro (o ano novo), quando os dias começavam a ficar frios e escuros. Os Celtas acreditavam que os espíritos dos mortos retornavam à terra para causar-lhes prejuízos nas plantações e em alguns casos causando muitas mortes devido o rigor do inverno. Era útil também para auxiliar os sacerdotes a prever o futuro e se livrarem de maldições e dos perigos, principalmente com o longo período de escuridão que chegava com o inverno. Acreditava-se que os laços entre os dois mundos eram afrouxados permitindo a vinda e ida dos espíritos. As cerimônias ou festas eram realizadas ao redor de fogueiras gigantes onde eles dançavam vestidos de peles e crânios de animais, se escondendo para enganar ou despistar os espíritos para que não ficassem na terra.

Com a expansão romana, não apenas os territórios celtas foram ocupados como a cultura romana foi imposta com o objetivo de apagar a cultura anterior e desestruturar o povo caso desejassem se reorganizar para enfrentar a dominação romana, inclusive pelas festas romanas que substituíram o Shamhain Celta, tendo algumas delas sido fundidas.

Posteriormente, já no fim do primeiro milênio com a crescente influência do Cristianismo e por designação papal, que com o intuito de acabar com uma celebração pagã e instituir uma religiosa, fez com que o dia 1° de novembro passasse a ser considerado o Dia de Todos os Santos e Mártires da Igreja. O dia dois de novembro foi instituído como o dia de finados ou dia dos mortos com objetivo de honrar os mortos e acabar de vez com as festas até então realizadas; sendo uma data celebrada praticamente no mundo todo, cada país do seu modo. Há na verdade uma equivalência portanto entre o *halloween*, o "dia de todos os santos" e o de "finados" devido a esse histórico religioso. No México a igreja não teve tanto sucesso, pois até os dias atuais as comemorações reúnem características da mistura dos seus ancestrais os Aztecas, Mayas e dos invasores espanhóis.

A origem da palavra halloween remonta ao dia de Todos os Santos, tendo como expressão original *All-hallowsmas* ou *Alholwemesse*, e a véspera ou dia 31 de outubro, como *All Hallowed's Eve* ou *Hallow'e'en*. Com o passar dos anos as expressões foram sendo adequadas ao termo que temos hoje em dia.

Atualmente a festa do *halloween* utiliza uma série de produtos com significados simbólicos para os que a frequentam, como a cabeça de abóbora com olhos, nariz e boca e uma vela acesa dentro. A abóbora tem o significado de sabedoria e fertilidade enquanto que a vela indica os caminhos para os espíritos. O caldeirão visto nas celebrações deveria ser utilizado para que as pessoas jogassem dentro moedas, mensagens e pedidos para os espíritos. Já a vassoura, diferentemente do conceito de utilização para as bruxas voarem, tem na verdade outro significado que é o de varrer as energias negativas da casa para fora, devendo, portanto, ficar encostada no chão pelo cabo. As próprias vassouras deveriam ser confeccionadas com ervas especiais como os ramos de louro e amarradas em um galho seco de árvore como cabo.

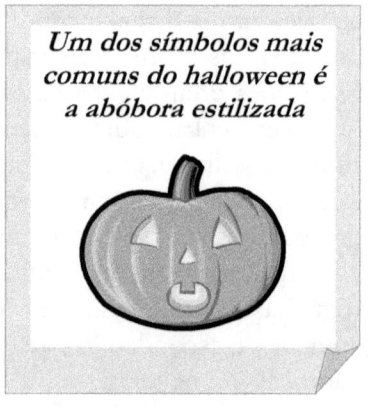

*Um dos símbolos mais comuns do halloween é a abóbora estilizada*

É interessante notar as semelhanças entre muitas tradições ao redor do mundo, nas coincidências ou nas semelhanças que apresentam uma com as outras, mesmo estando em continentes diferentes e em culturas completamente avessas. Isso acaba mostrando que algumas características são universais e persistem até os dias de hoje, muito embora as pessoas normalmente não se dêem conta disso.

A utilização de luzes como tochas ou velas para iluminar o caminho dos espíritos é comum na maioria dos lugares. A luz indica o caminho de chegada e de ida dos espíritos, evitando que estes se percam na escuridão e acabem permanecendo no mundo dos vivos. A luz é portanto um indicador seguro de direção em muitas culturas. A utilização de bebidas e alimentos como oferta aos espíritos existe nos mais diversos continentes como o asiático, o africano, o americano e o europeu. Mesmo que a oferta não seja direta aos espíritos ou aos mortos, servem aos vivos presentes na cerimônia.

Durante as celebrações do dia dos mortos os mexicanos costumam levar alimentos, doces e bebidas, assim como cantar e dançar em cemitérios para os seus mortos. De forma comedida, os japoneses e outros povos asiáticos também levavam alimentos para os seus entes queridos falecidos, e mesmo na Irlanda há o costume de se comer e beber o morto. Em muitos países é muito comum o serviço de alimentação durante os velórios modernos. Embora haja explicações plausíveis e racionais, é uma continuação dos costumes antigos que embora não sejam mais aceitos ainda influenciam nosso modo de vida.

No Brasil, era muito comum e em alguns lugares ainda é, utilizar-se de simpatias para lidar com problemas do dia-a-dia. Uma delas evoca os Celtas e Druidas do passado com as suas vassouras, em que se coloca uma vassoura virada atrás da porta quando desejamos que alguém que não gostamos ou que não é uma pessoa bem vinda vá embora mais rápido. É como se varresse para fora a presença negativa ou inconveniente da visita.

Ainda outros aspectos são comuns quando avaliamos que o hábito de escrever mensagens para os espíritos ou mortos não é exclusivo de um único povo, no México as pessoas escrevem não apenas mensagens, mas cartas, assim como pedidos para si e para amigos, familiares dentre outros. A tradição de comer algo doce após velórios ou sepultamentos na cultura judaica, também era comum na celta, romana e mexicana. Sendo uma forma de esquecer as amarguras, agruras da vida e lembranças ruins que a morte traz, assim como volta a atenção dos vivos às delícias da vida.

Embora a cor preta seja considerada fúnebre; no Japão e na China era o branco que predominava anteriormente. Com a ocidentalização dos costumes o preto acabou tornando-se uma cor universal com significado fúnebre. Assim, o preto é considerado comumente como a cor do pesar e da tristeza indicando luto ou morte. A vinda dos espíritos para visitar os seus parentes em muitos países tinha uma conotação ainda mais profunda, que era a necessidade de perdão dos vivos pelos males cometidos em vida. No Brasil e em alguns outros países, por exemplo, é comum relatos de espíritos de mortos que não descansam em paz, enquanto os seus familiares ou os a quem fizeram alguma maldade não rezarem pelas suas almas ou celebrarem missas em seus nomes. Isso ocorria também com os Celtas no passado.

Essas ligações culturais nos levam a entender a universalidade dos costumes e hábitos presentes em quase todos os cantos do mundo. Em muitos casos, isso ocorreu por imposição cultural dos opressores ou vencedores, já que é o dominador que normalmente exerce maior influência sobre o dominado. Em outros, há o interesse de absorver aspectos culturais de países que exercem alguma influência por fatores diversos como a auto-afirmação, o desejo de ser parecido ou a submissão a costumes externos. Em algumas regiões, esses hábitos acabam se incorporando devido a presença de pessoas de nacionalidades diferentes como ocorre com a imigração em larga escala de estrangeiros.

A tendência mundial tem sido a do esquecimento e de mudanças interferindo nos hábitos culturais locais, destruindo inclusive hábitos e costumes históricos ou transformando-os em simples espetáculos turísticos. É cada vez mais comum os jovens desejarem parecer modernos e se afastarem dos costumes praticados pelos pais e que se tornaram maçantes e antiquados para eles. Ademais, com a universalização dos costumes tem sido cada vez mais comum as pessoas optarem por modelos de vida mais fáceis e confortáveis, deixando de lado suas tradições e um rico legado condenado a existir apenas em livros como este e em filmes históricos.

## 10

# UMA INFRA-ESTRUTURA NECESSÁRIA À VISITAÇÃO EM NECRÓPOLES

Ao idealizar visitas a necrópoles ou outros espaços similares é necessário ter em mente vários fatores que são de suma importância para que haja uma boa receptividade pela comunidade e pelos visitantes. Diante das problemática religiosa, social e cultural prevalecente em determinadas sociedades, as necrópoles estão envoltas num contexto muito mais complexo que simplesmente divulgar e abrir as portas para a visitação turística. Pode-se facilmente ferir o imaginário ou a religiosidade de uma comunidade caso seja inserida uma atividade incomum ou estranha aos olhos dos seus moradores e que estes entendam que atente contra os bons costumes ou que haverá alguma forma de dano material, espiritual ou moral naquele espaço.

É preciso ter em mente que não são simples objetos que se encontram nesses locais. São vidas passadas, histórias, pessoas que exerceram ou ainda exercem alguma forma de influência nos familiares. Portanto, a entrada de pessoas alheias à comunidade com interesses bem diferentes dos comuns à sociedade local, pode resultar na ofensa direta ou indireta aos sentimentos religiosos ou privados daqueles que não desejam ter seus familiares como espetáculo público. Especialmente em sociedades ortodoxas ou marcadas pela intolerância religiosa ou cultural. Ainda que os motivos não sejam estes, são pessoas, e o respeito é devido em qualquer situação sendo um direito da comunidade opinar pelo que ocorre em seu meio.

É comum em alguns cemitérios a proibição de filmagem e/ou fotografias de túmulos e jazigos, ou estas somente são permitidas mediante autorização prévia, podendo ser ainda fornecidas as utilizadas para divulgação. Trata-se de um direito legal da família ou do órgão que o estipula, desde que não haja nenhuma lei em contrário. O direito aos sentimentos mais profundos deve ser respeitado e isso é um dos preceitos do turismo, o respeito às culturas locais mesmo que não seja essa a realidade presenciada.

Quando uma necrópole tem o seu valor reconhecido seja pela antigüidade, história, pessoas ilustres, fatos interessantes, monumentos ou esculturas, há uma mudança de filosofia na forma em que ela está inserida na sociedade. Mesmo que timidamente, torna-se alvo de pesquisa e estudos, podendo ser reconhecida e até mesmo tombada pelo patrimônio histórico. O resultado pode vir na forma de maior visitação, ou atração de determinada parcela elitizada da população que acabará contribuindo para sua importância. Dificilmente grandes nomes da nossa sociedade são enterrados em cemitérios comuns e periféricos, como ocorre nos grandes centros urbanos, razão da concentração turística localizada.

Isso significa que a decisão de abrir um cemitério à visitação turística envolve muito mais que uma decisão política, necessitando estar de acordo com as leis locais e os direitos dos que ali estão sepultados representados por seus familiares ou procuradores. São mais que questões ideológicas, pois envolvem todo um imaginário coletivo e cultura popular que pode não estar de acordo com as atividades propostas. Na grande maioria dos casos a visitação já existe ou ocorre espontaneamente gerando um fluxo que a comunidade ou sociedade vai se adaptando aos poucos não havendo rejeição.

De um modo geral, os cemitérios com grande interesse turístico já recebem visitantes que não chegam a interferir na rotina das pessoas. O que é feito é a implementação da estrutura para atender essa demanda que pode aumentar gradativamente, sendo possível o trabalho de antecipação desse fenômeno através de formadores de opinião e multiplicadores de informações através de convites e visitas guiadas. Isso inclui tantos os cemitérios públicos como os privados.

Em relação à importância da discussão com a população a respeito desse fenômeno, se deve especialmente aos pequenos povoados ou localidades conservadoras onde há muito mais envolvido que simplesmente a idéia de visitar um cemitério antigo. Os moradores podem sentir essas visitas como invasão do seu solo sagrado, ou do solo sagrado onde repousa os seus ancestrais. Essa visão é muito comum em localidades indígenas, rurais e antigas a exemplo do que ocorre em muitos pequenos cemitérios com séculos de existência em pequenas propriedades ou vilarejos em países da Europa, Israel e China.

Em grandes centros urbanos é bem mais fácil trabalhar essas questões devido a impessoalidade das relações sociais. Ainda assim é visível a inquietação ou descontentamento que alguns demonstram, enquanto outros proíbem filmagens e fotografias. Nas necrópoles onde já exista alguma forma de visitação turística, ou mesmo onde há o reconhecimento público do valor da sua importância artística e histórica pode-se trabalhar com maior intensidade essa atividade, podendo até mesmo ser inserida no Guia Turístico da localidade, como ocorre com inúmeros cemitérios por todo o mundo.

Essa inserção, contudo, não deve ser feita, a menos que haja um trabalho anterior de estudo, catalogação e preparação do acervo, assim como de toda a estrutura de apoio ao visitante. Esse trabalho deve ser realizado com o apoio de historiadores, arquitetos, artistas plásticos e profissionais do turismo, que estão em condições de avaliar todo o contexto em que as obras foram idealizadas, sua importância artística, estilos, época, datas e fatores como o que a torna uma obra de arte, ou a autenticidade do autor/autora. Uma equipe com interesses comuns formada exclusivamente para esse fim fornecerá valiosas informações não apenas para os visitantes, como também aumentará o rico acervo de informações acerca do que há no local.

A importância do profissional de turismo está em como este vai estruturar o ambiente para receber os visitantes, os efeitos locais e no entorno que essa atividade causará, qual o perfil dos visitantes dessa modalidade turística com os seus comportamentos, desejos e necessidades, dentre outros detalhes como os acessos e o trabalho de divulgação nos meios mais adequados.

Muito embora não seja tão comum a geração de recursos diretos com a visitação turística em cemitérios, ainda assim ela contribui substancialmente para o turismo

*Serviços indispensáveis*

*Banheiros*

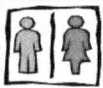

*Informações*

*Acessibilidade*

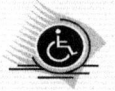

*Transporte*

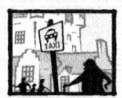

*Sinalização*

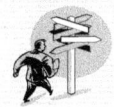

*Personalidades*

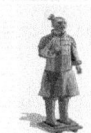

*Mapas, guias, placas, etc.*

em geral acrescentando novos e inusitados atrativos ao mapa de turismo da cidade. É inegável a importância que necrópoles como Père Lachaise em Paris, dentre várias outras em Hollywood e Chicago (EUA) tem dentro do contexto do turismo em suas localidades. Como é amplamente dentro do segmento de turismo sabido, muitos dos atrativos turísticos são artificiais criados com esse propósito para incrementar a demanda turística na localidade.

Para que o cemitério tenha uma boa estrutura, possa receber visitantes e enriquecer essa visita com informações, todo o acervo disponível no local deve estar catalogado, disponibilizado e acessível, para isso além da infra-estrutura alguns meios são necessários.

**Guias Turísticos:** permitem que o visitante saiba qual a obra, monumento ou quem está sepultado no local. O ideal é que contenha breves notas ou informações sobre a pessoa, que pode ser desconhecida do visitante, como nome, posição social ou feitos e importância na sociedade em que viveu; e dados sobre a obra ou sobre o monumento. Informações sobre quem esculpiu, projetou ou construiu, data que foi finalizada, estilo dentre outras informações que facilitará para os profissionais a sua identificação, e permitirá aos leigos um maior entendimento da obra como um todo. A imagem da escultura no guia é essencial.

**Mapas:** "necrópole" significa literalmente "cidade dos mortos", e como tal possui sinalização, ruas e os jazigos possuem números, a exemplo das cidades. Embora não seja nenhuma forma de preconceito com os anônimos, mapas são importantes para localizar os túmulos de famosos ou onde estão esculturas, obras de arte ou monumentos. Isso facilita a locomoção entre as geralmente estreitas ruelas e direciona o fluxo de pessoas para os locais que elas realmente desejam ver, evitando perda de tempo e facilitando o controle em geral.

**Plaquetas ou placas de identificação:** também de grande utilidade, devem estar identificando as ruas, direções e principalmente afixadas diante dos jazigos ou mausoléus, com informações breves e concisas, sobre datas, construtor, escultor ou artista, e se for o caso, da pessoa que lá se encontra. Em caso de ruas, devem estar nas esquinas, se possível com uma seta indicando a direção.

**Guia de Turismo:** diferente do guia turístico que é uma publicação, o guia de turismo é um profissional especializado que não apenas presta informações sobre o cemitério, como sobre o acervo nele existente. Pode ser um técnico em história, arquitetura, turismo ou alguém que detenha conhecimentos específicos ou gerais sobre a necrópole. É uma profissão comum em todo o mundo, substituído no Brasil na maioria dos casos por profissionais de outras áreas quando não são pessoas que simplesmente se apresentam como tal. Os organismos de turismo de cada país tem cursos técnicos e reconhecimento oficial para a profissão.

**Sinalização:** como qualquer outro local, a sinalização é de suma importância para que as pessoas saibam onde estão, para onde ir e como sair, como ocorre em casos de emergência. Permitirá também que as ruas, túmulos e monumentos sejam encontrados, facilitando a vida dos visitantes. Devem ser discretas e seguir as cores e o padrão do local.

Há ainda outros aspectos que precisam ser trabalhados antes que se pense em aumentar o número de visitantes e que envolve a administração do cemitério. Tem a ver com a salubridade e imagem do local. Para isso, é preciso que haja uma vistoria em todos os túmulos e jazigos para que estes não apresentem riscos à saúde pública ou dos visitantes, como rachaduras por onde roedores ou insetos possam penetrar e sair livremente, assim como não se acumule água parada ou haja lama pelas ruelas. A exposição acidental de ossos jamais deve ocorrer, e se ocorre deve-se a problemas estruturais de algum túmulo que possa ruir ou que esteja solapado.

Geralmente com a grande quantidade de visitantes há uma maior compactação do solo abaixo, que se não estiver convenientemente calçado pode gerar transtornos posteriores. A segurança dos visitantes e dos túmulos também precisa ser resguardada com a presença de policiais ou guardas de segurança, pois por serem locais que em alguns momentos ficam vazios atraem marginais e saqueadores de túmulos, como é comum ocorrer em cemitérios de todo o mundo.

Ainda assim há outros aspectos que precisam ser verificados ou implementados para que haja uma boa infra-estrutura ao receber os visitantes, como:

**Banheiros:** sua utilidade vai além das necessidades fisiológicas, é muito comum algumas pessoas tocarem obras ou se segurarem em locais sujos. Alguns visitantes podem permanecer um longo período de tempo estudando ou passeando pelo local e ter banheiros em boas condições de limpeza e higiene é essencial. Não é por se tratar de um cemitério que precisa ser simples, podendo ser dotado de todas as facilidades comuns aos demais locais como nos museus. Deve haver locais com acessibilidade para os deficientes físicos utilizarem e pias externas para acesso rápido, evitando o uso desnecessário dos banheiros.

**Estética:** um dos motivos que afastam muitas pessoas dos cemitérios, é o seu aspecto sombrio e escuro. Não há muita luz e cores vivas que ressaltem o valor do que está exposto. Não significa que deva haver um colorido gritante, mas muitos túmulos são mal cuidados pelos familiares ou pela administração local. Para evitar isso, deve-se cobrar dos responsáveis uma manutenção regular, lavagem, pintura e os reparos quando necessários de forma preventiva. Há cemitérios que optam por pintar todos os jazigos que se enquadram no projeto de branco, dando mais vida e aumentando a luminosidade do local como ocorre no Rio de Janeiro. Em Poços de Caldas há vasos com flores artificiais sobre os túmulos, o que causa a impressão do lado de fora de um imenso jardim.

A parte estética ou visual tem uma enorme importância na impressão que vai causar nos visitantes e conseqüentemente se entrarão ou não. Esse trabalho deve ser feito de forma criteriosa, pois não se pode simplesmente pintar obras de arte ou cobrir dados e informações importantes com tinta, razão pela qual uma equipe que envolva os profissionais certos precisa estar envolvida no projeto para que não haja excessos ou erros difíceis de serem reparados. Os muros podem receber tons agradáveis, imagens de nuvens que evoquem temas celestiais ou de acordo com a característica cultural e religiosa da necrópole.

**Central de informações:** ou ainda uma recepção onde seja possível colher material como guias e mapas, assim como informações gerais que podem ser de básicas a especializadas quando possível. Um dos grandes problemas é não saber por onde começar, ou procurar informações e não saber onde encontrá-las. Um meio de grande valor é disponibilizar algum totem computadorizado onde haja os nomes de todos os que estão sepultados e sua história de vida; quais são as obras de maior valor artístico, histórico ou arquitetônico com imagens para que as pessoas façam pesquisas no próprio local, antes ou depois de fazer a visita. Uma pequena sala de espera climatizada seria muito útil.

**Cursos de arte funerária ou tumular:** embora não seja muito comum, pequenos cursos que estimulem a valorização da arte existente dentro dos cemitérios podem ser oferecidos ao público em geral ou a profissionais com interesses específicos nesse estilo aliados à possibilidade da prática no local. Podem ser gratuitos ou pagos. Mesmo para muitos profissionais da arte, é desconhecido o montante de grandes nomes da escultura e arquitetura que possuem obras também em cemitérios. Embora tivesse um foco diferenciado, em São Paulo ocorreu alguns anos atrás um curso de guia de turismo em cemitério, que foi descontinuado após a morte do historiador que o ministrava.

**Bancos ou locais para descanso:** de jovens a idosos é grande a diversidade de pessoas que visitam cemitérios. E como qualquer outra atividade a visita também pode ser cansativa. Possuir bancos, seja de cimento ou de outro material estrategicamente localizado não é apenas útil, mas necessário. Algumas pessoas costumam permanecer um longo período de tempo observando esculturas ou mausoléus cansando-se facilmente, outras simplesmente desejam uma sombra fresca para sentar. Em algumas necrópoles como em Paris é comum pequenas praças com bancos e chafariz onde pessoas namoram, lêem, conversam ou simplesmente descansam.

**Lixeiras:** embora seja a cidade dos mortos, são os vivos que nem sempre respeitam esses espaços. Em países como o Brasil, é comum pessoas atirarem lixo ao chão sem o menor receio, independente de onde estejam. São também necessárias para os casos onde as pessoas entrem comendo e bebendo, o que cabe a administração local permitir ou não.

Proporcionar os meios para minimizar o desgaste físico, auxilia e favorece o visitante no processo de introspecção que o ambiente sugere diante da pequenez humana e da grandeza da sua existência. Permite também uma análise da resposta individual ao que nos reserva o destino, e até como a sociedade imortaliza os seus grandes homens e heróis. Faz mais que isso, materializa o amor, o desespero, a dor e a saudade em obras que impressionam pela beleza e pela força da mensagem que transmite.

Em resumo, a valorização do rico acervo de uma necrópole dependerá muito do grau de importância atribuído pela administração do local, pelo respeito à comunidade em que está inserido, assim como para com os visitantes. Trabalhar bem os recursos disponíveis e criar meios de tornar valiosa e enriquecedora uma visita a uma necrópole pode fazer muito mais que valorizar o local, a história e a arte, pode mudar mentes e estilos de vida.

Como se pode notar, a história e a arte convivem juntas nas necrópoles, mas não basta apenas divulgá-la sem criar uma infra-estrutura que possibilite as pessoas tirar proveito de suas visitas. Não se trata de criar um atrativo turístico de grande impacto, mas de prover o necessário para que as necrópoles sejam também um local de reflexão e de análise pessoal, onde nos deparamos com a mais inexorável das realidades e destino certo de todos os seres vivos, a morte.

## 11

# CURIOSIDADES E CONSIDERAÇÕES FINAIS

Diante da diversidade cultural observada no mundo, não seria de se estranhar que ocorram situações inusitadas e os mais diversos achados envolvendo o universo fúnebre. Embora as conotações geralmente apontam para algo triste, dor e infelicidade, o que é uma realidade diária com as perdas traumáticas e violentas nos grandes centros urbanos atualmente, há muito mais envolvido nesse universo do que costumamos ver nos noticiários ou nos filmes trágicos. Saber como a morte é encarada em outros lugares nos permite ter uma visão equilibrada de como a cultura influencia as pessoas a agir diante dessa realidade muitas vezes tão angustiante.

Não se trata de justificar ou tentar tornar menos doloroso um momento tão difícil, pois quem perdeu alguém que ama muito sabe bem disso; mas de estimular a busca e a análise do comportamento humano racional ou emocional diante da morte. Assim, segue uma breve abordagem a curiosidades e informações sobre o que já ocorreu e ainda acontece diariamente e que não costuma ser tão conhecido da grande maioria das pessoas devido a temática fúnebre. Em muitos casos um congresso de agentes funerários pode ser mais divertido e animado do que muitas festas que terminam com feridos e mortos. São as contradições do mundo dos vivos.

Como citado em outras partes deste livro, a morte é uma realidade muito próxima de todos nós, seja do ponto de vista real, artístico ou histórico. Embora não seja muito conhecido pela maioria dos cidadãos, principalmente no Brasil, mas cada país tem o seu "panteão" de heróis. O Panteão, é um monumento consagrado à memória de heróis, de pessoas famosas ou ilustres que contribuíram sobremaneira ou se sacrificaram pela pátria. São construídos para perpetuar sua memória, seus atos heroicos ou história, servindo de modelo para o país, sendo também o local onde estão depositados os seus restos mortais.

Apesar de existir no mundo inteiro cada país tem o seu com os seus ídolos e heróis que são figuras representativas do valor e honra nacional. Muito pouco visitados na maioria dos países, são pontos turísticos de grande valor histórico para uma nação e o seu povo, e dizem muito sobre quem foram os escolhidos, ou os seus heróis; e o quanto o povo os venera. Quanto maior a importância, maior a veneração. Caso não exista, ou a escolha dos heróis nacionais foi inadequada ou povo não possui memória.

Dentre as inúmeras curiosidades que rondam o universo fúnebre, ocorreram eventos festivos, como o comentado casamento simbólico do modernista Oswald de Andrade e da escritora Patrícia Galvão, a Pagú, no Cemitério Consolação em São Paulo em 05 de janeiro de 1930. Um fato inédito que mexeu com a sociedade naquela época. Mais recentemente, um grupo procedente da cidade de Taubaté costumava passear entre os túmulos do Cemitério da Consolação, sempre no dia 18 de abril, dia do aniversário de Monteiro Lobato, vestidos com os personagens do escritor do amplamente conhecido Sítio do Pica-Pau Amarelo. Tratava-se de uma homenagem a esse grande escritor brasileiro que tanto influenciou a literatura no Brasil.

A quantidade de pessoas que morrem todos os dias em cidades como São Paulo é considerada alta. Segundo o Serviço Funerário do Município de São Paulo, é realizado diariamente uma média de 300 sepultamentos na grande São Paulo. Embora os números possam variar anualmente, são enterradas em média 127 crianças com menos de seis anos diariamente no Brasil, que morrem de causas evitáveis. Nos países mais evoluídos o número de crianças mortas é apenas uma fração disso. Quando se trata de homicídios o país já chegou a bater o recorde de 65 mil homicídios por ano. Nem mesmo a índia ou a China que possuem mais de 1 bilhão de habitantes cada, população quase cinco vezes maior que a do Brasil chegaram ao mesmo número. Ou seja, dependendo do país e lugar que a pessoa viva, o risco de morte é naturalmente maior ou menor.

Ao abordar o turismo, alguns dos locais mais visitados por turistas, são necrópoles, como o Cemitério Père Lachaise que foi criado em 1804 e recebe anualmente a visita de cerca de dois milhões de pessoas. Entre as sepulturas mais visitadas estão as do Roqueiro Jim Morrison da antiga Banda "The Door's" e a de Allan Kardec. Em Paris, um prédio majestoso e repleto de canhões trazidos de batalhas conhecido como Lês Invalides, construído em 1670 para abrigar os soldados inválidos da guerra guarda também o túmulo de Napoleão Bonaparte, que conforme informado pelo museu, encontra-se dentro de seis urnas. Esse é um dos túmulos mais visitados de todo o mundo dada a importância de Napoleão dentro da história francesa e mundial.

Londres é uma cidade repleta de história e de espaços curiosos para visitar. Há *tours* (passeios) guiados levando os visitantes pelos mesmos caminhos percorridos pelo famoso e até hoje intrigante criminoso Jack o estripador. Aliás, embora fictício trata-se da terra de Sir Arthur Conan Doyle e seu famoso detetive Sherlock Homes. A imagem abaixo mostra a entrada de uma antiga prisão em Londres, utilizada hoje como museu e aberta a visitação, possuindo em seu interior objetos usados para punir e torturar criminosos.

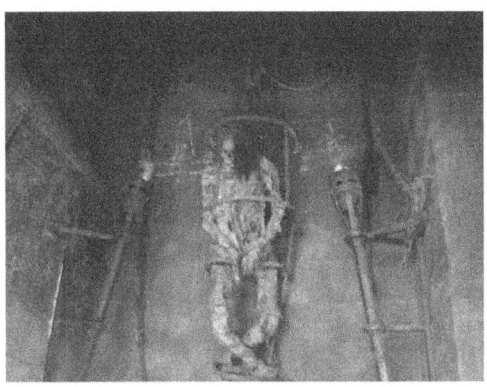

Muitas vezes fatos históricos estão mais próximos que imaginamos e podem surgir de onde menos esperamos. Na construção de vários equipamentos turísticos e de transporte em Atenas, na Grécia, para as Olimpíadas de 2004, inúmeros objetos como urnas funerárias e verdadeiros cemitérios da civilização grega foram encontrados, dificultando e atrasando as obras. Da mesma forma, foi encontrado na cidade do Rio de Janeiro, no bairro conhecido como Gamboa um sítio arqueológico com cerca de 5000 ossos de negros, muitos dos quais sequer chegaram a ser escravizados por morrerem ao desembarcarem ou logo após as longas viagens em navios negreiros, datando dos séculos XVIII e XIX.

A diversidade de achados é tamanha, que comprova fatos históricos até então descritos apenas em alguns livros e outros poucos documentos que nem sempre receberam a devida credibilidade por falta de comprovação dos relatos. Praticamente em o mundo ocorrem novas descobertas ou são encontrados objetos, urnas, ossos e em alguns casos achados inusitados como o que foi encontrado em uma estrada próxima à cidade de Ferrybridge, em West Yorkshire (Inglaterra). Foram encontrados os restos de uma carruagem fúnebre de aproximadamente 2500 anos de idade com os restos mortais de um homem dentro. Esse era um costume fúnebre de uma antiga tribo (conhecida como Arras) vinda da França para a Inglaterra e que costumava sepultar personalidades importantes do seu meio dentro de carruagens em valas quadradas, porém não havia registro de um achado em tão perfeitas condições.

Contudo, não apenas de história e passado consiste a arte e criatividade nesse segmento. Na Itália uma empresa resolveu alavancar suas vendas de urnas funerárias fazendo propaganda destas com modelos belíssimas de lingerie em poses sensuais nos mais diversos cenários e posições com as urnas. Como a estratégia se mostrou bem sucedida, resultou também no lançamento de uma linha composta por vários itens "fúnebres" como chaveiros, camisetas e um calendário anual que ficou famoso pelas imagens[12], mostradas nestas páginas. Inicialmente pode parecer agressivo ou desrespeitoso para os que não estão acostumados a esse universo, porém é preciso lembrar que cada pessoa ou sociedade encara a morte de uma forma diferente, e que mesmo nesse segmento também existe sensualidade e humor. Mesmo que seja humor negro.

Da mesma forma que o nascimento é um evento memorável, para muitos a morte também o deveria ser. Não apenas como um evento triste e lamentável, mas como uma conseqüência de uma vida de lutas, desafios e vitórias, devendo ser comemorada como algo que torne a partida inesquecível como foi a chegada a este mundo. Embora exista em outros países numa dimensão menor, muitos americanos têm procurado celebrar a vida no momento da morte contratando consultorias especializadas da indústria funerária.

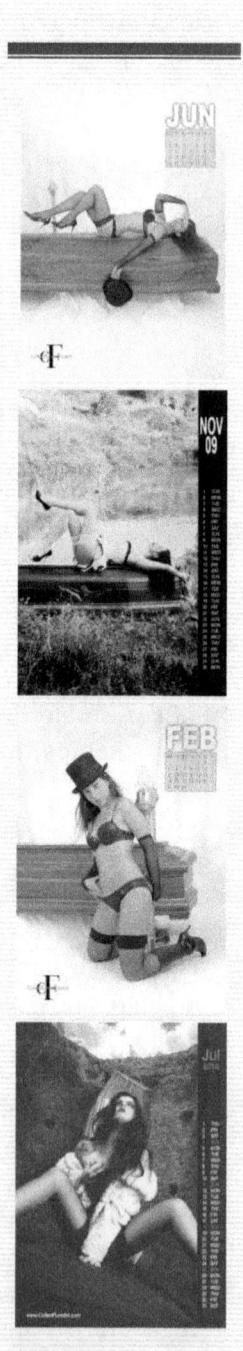

---

[12] Imagens gentilmente cedidas pela empresa Cofani funebri (Itália).

O consultor, a exemplo dos cerimoniais das autoridades governamentais, procura criar cerimônias novas onde são realizadas exposições de fotos do falecido/a; salvas de tiros quando se trata de militares; cortejo de *pickup's* quando se trata de fazendeiros e o enterro com roupas de montaria quando são *cowboys*, dentre inúmeros outros meios adequando o evento ao desejo da família. Em alguns casos toda a cerimônia é contratada com antecedência e conta com exposições bem elaboradas, como militares que exibem suas condecorações e fotografias de sua carreira.

Já existem empresas especializadas inclusive em colocar as cinzas de uma pessoa em qualquer lugar do mundo, inclusive no espaço se esta desejar e puder pagar. Também não é incomum os serviços de alimentação e bebidas em velórios com um variado e fausto cardápio abrilhantando o evento e tornando o último adeus uma cerimônia inesquecível. Como argumentam alguns profissionais da área, da mesma forma que a chegada à vida é algo naturalmente marcante para o ser humano a despedida também deveria ser, transformando a partida numa cerimônia bela e emocionante tendo o objetivo de transparecer a sensação de dever cumprido nesta vida; e não necessariamente um final tão triste como são as cerimônias comuns. Como dizem, maior certeza que o nascimento é a certeza da morte, porém não se tem o hábito da preparação para uma despedida feliz, e nem todas as despedidas precisam ser tristes. Faz parte do ciclo natural da vida.

Para quem deseja informações sobre

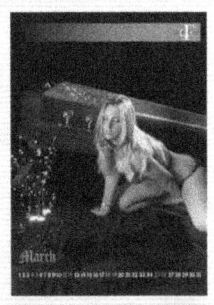
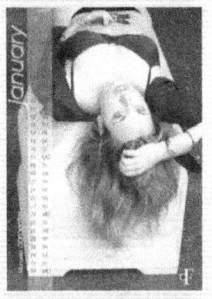
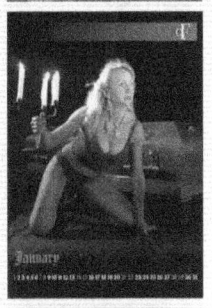
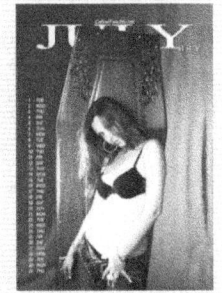

grandes personalidades que já faleceram, existem várias páginas na internet que oferecem informações valiosas sobre quem é a personalidade morta, o local em que está sepultada e imagens sobre o seu túmulo, como o *www.findagrave.com*. Na página é possível encontrar dados inclusive de brasileiros famosos como Ayrton Senna, Tom Jobim, Alberto Santos Dumont dentre outros. É um bom começo para iniciantes que desejam conhecer um pouco mais sobre esse universo, ou para turistas e profissionais que precisam saber a localização exata de túmulos e locais onde pessoas famosas do mundo inteiro se encontram sepultadas. A busca pode ser feita pelo nome, local onde está sepultado ou pela fama. Também é possível encontrar uma infinidade de obras de arte, esculturas, histórias e necrópoles belamente decoradas em praticamente todo o mundo.

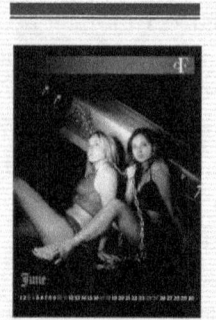

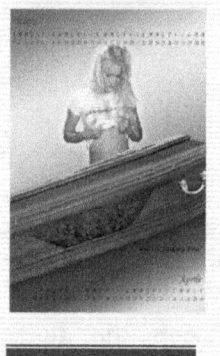

As curiosidades e considerações acima, não apresentam a profusão e a diversidade de situações que ocorrem no vasto mundo em que vivemos, procurando apenas suscitar o interesse do leitor na busca de mais informações e no estímulo a esse universo tão próximo e contraditoriamente tão distante de todos nós. A forma como encaramos a vida refletirá em como encararemos a morte. O grande problema no entanto para muitos não é morrer, mas como cada um vai morrer.

Em resumo, embora trate-se de uma realidade evitada a todo custo pela grande maioria das pessoas e de um tema evitado mesmo em uma conversa informal, a morte é um tema presente e constante em nosso cotidiano. Porém, a riqueza de costumes e tradições existentes em todo o mundo, as belas esculturas e manifestações artísticas em muitas necrópoles que são verdadeiros museus a céu aberto e a grandiosidade de alguns monumentos fúnebres, deveria nos fazer pensar mais sobre o papel do homem na terra e sua impotência diante da morte. Passa-se o tempo, desaparecem os costumes e fica a história e a arte como testemunha para a posteridade.

# REFERÊNCIAS BIBLIOGRÁFICAS

AQUINO, Ruth de. *Os Caça-fantasmas*. Revista Viagem e Turismo. Editora Abril. Ano 7, n.º 7, Ed. 69, Págs. 70-73.

ARTONI, Camila. *Fetiche tétrico*. Revista Galileu. Editora Globo. Nº 161, dezembro de 2004, Págs.23.

BARBOSA, Ycarim M. *O despertar do turismo: um olhar crítico sobre os não-lugares*. 2ª ed. Revista. São Paulo: Aleph, 2004.

CAMARA, Nelson. *O Advogado dos Escravos*. São Paulo: Ed. Lettera.doc, 2010

*Clima barroco de Vysehrad inspira casais*. Caderno de Turismo. Folha de S.Paulo, quinta feira, 3 de março de 2005, Págs. 7, 8.

Cultura dia-a-dia. *História e arte no Cemitério da Consolação*. Edição Histórica. Prefeitura Municipal de São Paulo. Janeiro de 2004. Nº 30, Págs. 38-41.

DESTRO, Juliana. *Cemitérios viram museus a céu aberto. E com guias bem-informados*. Cidade. São Paulo: Jornal da Tarde, 4 de julho de 2001.

Dicionário Brasileiro da Língua Portuguesa. 30º ed. Editora Globo. São Paulo: 1993.

DOYLE, Kevin. *The Revenue Fields*. Time. Vol. 165, nº 16. April 18, 2005. Pág. 13.

Grande Enciclopédia *Larousse* Cultural. Nova Cultural. São Paulo: Plural Ed. e Gráfica, 1998.

FREYRE, Gilberto. *Casa Grande & Senzala: formação da família brasileira sob o regime da economia patriarcal*. São Paulo: Círculo do Livro, 1980.

FREITAS, Maria de. *Lápides Famosas*. São Paulo: Revista Isto é, nº 1799, 31/03/2004.

GRAHAM, Maria. *Viagem ao Brasil*. São Paulo: Companhia Editora Nacional, 1956.

GRANDE, Paulo C. *O templo Tamburello*. Revista Quatro Rodas. Ed. Abril, maio de 2004, Págs. 84-88.

LUCCOCK, John. *Notas sobre o rio de Janeiro e partes meridionais do Brasil*. São Paulo: Itatiaia (USP), 1975.

MESQUITA, Mariana. *Cemitério é lugar de turismo*. Jornal Folha de Pernambuco. Caderno de Turismo. Recife/PE, 02 de novembro de 2003.

MONTEIRO, Lúcia. *O tesouro do Imperador*. São Paulo: Veja SP, 25 de junho de 2003. Ano36, nº 25, Pág. 34.

Nova Enciclopédia Ilustrada Folha. Folha de S.Paulo. São Paulo: 1996:656.

SALOMONE, Roberta. *Pertinho do céu*. Sociedade. Revista Veja, ed. 1836, ano 37, n.2, São Paulo, 14 de Janeiro de 2004. Pág. 14.

Tradução do Novo Mundo das Escrituras Sagradas. New York (USA): Watchtower Bible and Tract Society of New York, 1986.

REIS, João José. *A morte é uma festa: ritos fúnebres e revolta popular no Brasil do século XX*. São Paulo: Cia. das Letras, 1998.

ROBERTS, Wess. *Segredos de liderança de Átila, o Huno*. São Paulo: Best Seller, 1989.

RUDHART, Werner. *Emoções da serra à costa*. Revista Ícaro Brasil, n° 233. RMC editora, janeiro de 2004.

VARELLA, Flavia. *Quem vai querer ?* Cidades. Revista Veja. Ed. 1855. Ano 37. n. 21. Pág. 64.

**Sites consultados:**

www.cofanifunebri.com,www.findagrave.com,www.gargl.net/lachaise/index.html,www.mexconnect.com,www.paris-france.org/fr/culture/patrimoine, www.pretosnovos.com.br,www.portal.prefeitura.sp.gov.br/empresas_autarquias/servico_funerario,www.sincep.com.br.

*Imagens*

As fotografias disponíveis no livro incluem a indicação logo abaixo, quando de terceiros ou agradecimento quando cedidas. As imagens sem qualquer indicação são do próprio autor ou disponibilizadas gratuitamente pela *Microsoft* através dos *Clip-arts* no *Office Online*, cuja utilização é livre, gratuita e não incide direitos ou cobrança de *royalties* pela utilização.

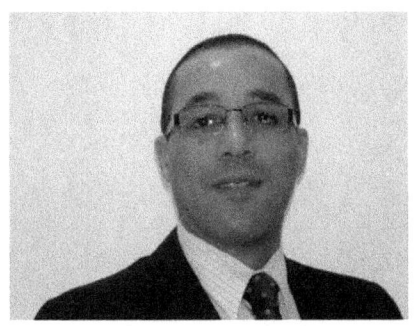

# SOBRE O AUTOR

Adalto Felix de Godoi possui uma formação na área de hospitalidade (Turismo e Hotelaria) e é administrador pela Universidade de Londres-LSE (Inglaterra), é especialista em Gestão Estratégica de Pessoas (Recursos Humanos) e possui MBA Executivo em Gestão Empresarial Estratégica pela Universidade de São Paulo (USP). Atuou por vários anos como voluntário desenvolvendo projetos sociais em diversas regiões do Brasil, estudando a cultura regional e estimulando ações de preservação ecológica, do patrimônio histórico e cultural de numerosas cidades brasileiras. Suas viagens e visitas a numerosas necrópoles em diversos estados brasileiros e diferentes países forneceram subsídio para desenvolver este trabalho. É também professor universitário, palestrante e autor de livros e artigos sobre o turismo, turismo médico ou de saúde, hotelaria hospitalar e humanização em hospitais além de artigos na área de educação, turismo, hospitalidade e administração hospitalar.

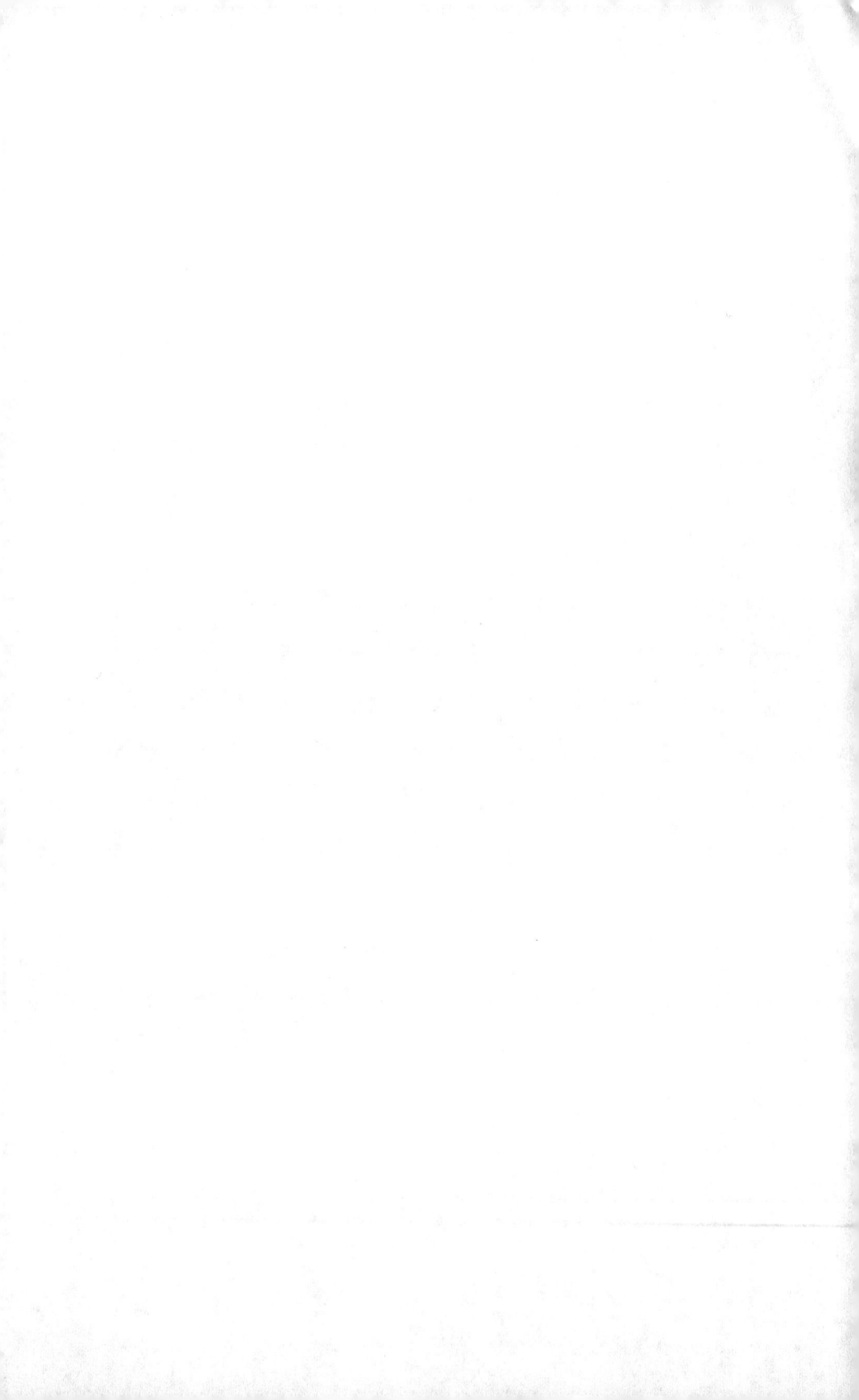

www.ingramcontent.com/pod-product-compliance
Lightning Source LLC
Chambersburg PA
CBHW051544170526
45165CB00002B/867